湖南省普通高等学校“十三五”行政管理专业综合改革试点项目资助

全面深化改革背景下公共决策的利益冲突与整合

THE INTEREST CONFLICT AND INTEGRATION OF PUBLIC DECISION-MAKING UNDER THE BACKGROUND OF COMPREHENSIVELY DEEPENING REFORM

申永丰◎著

湘潭大学出版社

前　言

利益是人的行为的根本动因，利益问题是人类社会存在和发展的根本问题，追求利益的满足，是人的基本属性。个人追求自身利益的主观要求和利益实现途径的社会属性之间的矛盾导致利益关系的产生，使人类社会的管理活动成为必要。公共决策正是人类社会管理活动的重要制度安排。公共决策是以政府为代表的公共权力主体行使公共权力管理社会公共事务、解决社会公共问题的活动过程，与利益密切相关，其本质就是对公共利益的权威性配置。公共决策是一个利益博弈的过程，在这一过程中，利益取向是公共决策的深层行为依据，利益冲突是公共决策不断推进的动力，利益整合是有效实现公共利益的基本途径。

全面深化改革面临深层次的社会利益结构调整。从利益的角度分析全面深化改革背景下的公共决策，找准全面深化改革与公共决策的合理契合点，对于完善公共决策研究的方法论体系、提高公共决策的效度和信度、推进国家治理体系与治理能力现代化，具有重大的理论意义和实践意义。

在全面深化改革进程中，社会利益不断分化整合，利益矛盾和利益冲突也呈现出一些新的特点。当前，公共决策利益冲突面临利益格局加速调整、利益主体持续分化、公共需求不断增长、利益诉求趋于多样等突出问题，表现出典型性、非对抗性、可调控性等鲜明特征，是政府职能转变、社会主义市场经济发展、人民群众利益观念转变、社会利益格局调整等多种因素共同作用的结果。

利益整合是公共决策有效实现公共利益、重构社会利益格局的基本途径。在全面深化改革进程中，公共决策的利益整合，需要瞄准进一步提升公共权威、进一步优化社会利益格局、进一步完善人民内部矛盾协调机制等目标，坚持以人民为中心，坚守公共理性，追求善治，通过加快推进政府职能转变、合理定位政府角色、有效增进公共利益、着力创新行政文化、全面改善制度环境、不断优化利益协调机制、继续完善利益监控机制等途径来实现。

利益分析是马克思主义研究社会问题的基本方法。在全面深化改革进程中，公共权力主体在公共决策中面临的利益冲突将更加复杂，公共决策的利益整合功能也将日益重要。在全面建设社会主义现代化国家新征程中，运用马克思主义利益分析的基本理论、观点和方法，深化对公共决策利益冲突性质、成因的分析，深入探讨公共决策利益整合的目标、标准和途径，是深化机构和行政体制改革的现实需要。

目 录

导　论

一、利益与全面深化改革背景下的公共决策

2012 年 12 月 31 日，中共中央总书记习近平在十八届中央政治局第二次集体学习时提出：“现在，解决我国进一步发展面临的一系列突出矛盾和挑战，必须深化改革开放。”2013 年 7 月，习近平总书记在湖北考察时强调：“应对当前我国发展面临的一系列矛盾和挑战，关键在于全面深化改革。”2013 年 11 月，党的十八届三中全会通过《中共中央关于全面深化改革若干重大问题的决定》，对全面深化改革作出了战略部署。2017 年 10 月 18 日，习近平总书记在党的十九大报告中指出，坚持全面深化改革。2018 年 3 月 28 日，习近平总书记主持召开中央全面深化改革委员会第一次会议强调：“改革将进一步触及深层次利益格局的调整和制度体系的变革，改革的复杂性、敏感性、艰巨性更加突出，要加强和改善党对全面深化改革统筹领导，紧密结合深化机构改革推动改革工作。”

《中共中央关于全面深化改革若干重大问题的决定》明确指出，全面深化改革的总目标是完善和发展中国特色社会主义制度，推进国家治理体系和治理能力现代化。党的十九大报告指出，只有社会主义才能救

中国，只有改革开放才能发展中国、发展社会主义、发展马克思主义。必须坚持和完善中国特色社会主义制度，不断推进国家治理体系和治理能力现代化，坚决破除一切不合时宜的思想观念和体制机制弊端，突破利益固化的藩篱，吸收人类文明有益成果，构建系统完备、科学规范、运行有效的制度体系，充分发挥我国社会主义制度优越性。党的一切工作必须以最广大人民根本利益为最高标准。要坚持紧紧依靠人民推动改革。必须更加注重改革的系统性、整体性、协同性，加快发展社会主义市场经济、民主政治、先进文化、和谐社会、生态文明，让一切劳动、知识、技术、管理、资本的活力竞相迸发，让一切创造社会财富的源泉充分涌流，让发展成果更多更公平地惠及全体人民。

中国共产党是中国特色社会主义事业的领导核心，全心全意为人民服务是党的宗旨。推进任何一项重大改革，都要站在人民立场上把握和处理好涉及改革的重大问题，都要从人民利益出发谋划改革思路，制定改革举措。全面深化改革要坚持以促进社会公平正义、增进人民福祉为出发点和落脚点。公共权力主体要把最广大人民智慧和力量凝聚到改革上来，同人民一道把改革推向前进。

公共决策能力是公共部门的首要能力，是实现“中国之治”的“北斗导航”①，是政府运用公共权力对社会资源进行权威性配置的政治过程。党的十九大报告明确要求“转变政府职能，深化简政放权，创新监管方式，增强政府公信力和执行力，建设人民满意的服务型政府”。作为公共政策过程的起始环节，公共决策是以政府为代表的公共权力主体在管理社会公共事务过程中进行目标设计、方案抉择、行为选择的活动，是政府履行职能的重要途径。在全面深化改革进程中，公共决策的主体呈现出多元化趋势，公共决策中的利益关系更加复杂，政府在公共决策中的地位和权威日益受到其他主体的挑战，这些变化加

① 周阳、汪勇．大数据重塑公共决策的范式转型、运行机理与治理路径［J］．电子政务，2021（9）：81－92．

剧了公共决策中的利益冲突，也给政府对相关利益冲突的调控提出了更高的要求。

有效整合社会各阶层的利益，维护公共权威，提高公共决策的效度和信度，必须充分认识公共决策中利益问题的重要性和复杂性。全面深化改革进程中，公共决策要始终坚持以人民为中心，通过创新制度安排，充分发挥利益整合功能，切实提高科学化、民主化和法治化程度，找准私人利益与集体利益、公共利益与国家利益、当前利益与长远利益、局部利益与全局利益、合法利益与合理利益等的合理契合点，有效化解社会利益矛盾，推动社会利益关系的调整和利益格局的重构，不断扩大公共产品和公共服务的有效供给，不断满足人民群众对美好公共生活的向往。

二、选题价值

利益是人民群众的深层行为动因，利益取向是公共决策的深层行为依据。全面深化改革意味着利益关系的深刻调整，由于原有利益格局被打破，新的利益格局还没有定型，公共决策领域的利益冲突出现了一些新的特征①，对公共权力主体提出了新的更高要求，公共权力主体特别是政府面临协调社会利益关系、重构社会利益格局的重大任务，从利益的角度分析全面深化改革背景下的公共决策，具有重大的理论和实践意义。

1. 有助于完善公共决策研究的方法论体系

事实分析、价值分析、规范分析与可行性分析是公共决策研究的四种基本方法。这四个范畴虽然重要，但缺少了关键的分析，即利益分

---

① 李海青认为，现阶段我国社会的利益冲突主要表现出总体上是非对抗性的、公共权力卷入利益冲突、利益冲突存在结构化趋势、利益冲突的集体行动特征日趋明显等特点，参见《现阶段利益冲突显现了哪些特征》，载《北京日报》，2014 年 6 月 16 日，第 18 版。

析。① 公共决策是一个利益博弈的过程，为了增进和维护自身利益，不同利益主体都会通过一定的途径，向决策系统表达自身愿望和要求，政府依据一定的利益取向，在对不同利益要求进行分析、判断和整合的基础上，对社会利益关系进行调整，实现对公共利益权威性的配置。全面深化改革要求调整社会利益关系，优化社会利益格局。因此，将利益作为理解全面深化改革背景下公共决策的突破口，从利益的角度分析全面深化改革背景下的公共决策，是深化当前中国公共决策研究的有效途径。

在公共决策研究的方法论体系中，利益分析直接影响到事实分析、价值分析、规范分析和可行性分析，并规定了它们的基本内容和研究方向。公共决策对社会资源的配置，首先要涉及“分配什么”“如何分配”“分配给谁”“分配多少”等事实分析的内容，但这主要是对现象的描述，很难把握住公共决策的实质。价值作为一种评判标准，是对客体满足主体需求的量度。公共决策需要紧紧立足价值分析进行，但价值是抽象的，价值分析的基础是利益分析，“价值产生在实践的基础之上，反映了主客体关系之中的人及其需求。”② 公共决策研究中的规范分析，按其本质要求，是要判断社会利益关系、利益矛盾与利益冲突的性质，并以此为依据，形成规范多元利益主体行为、平衡利益关系、解决利益矛盾的政策方案。可行性分析不仅离不开利益分析，而且还必须以利益分析为出发点。政府不是全能的，由于社会资源的有限性特别是可用资源的有限性，在公共决策中，政府必须通过控制资源配置方向来预测政策方案的可能性和可行性，实际上无力满足不同利益主体的一切需求，公共决策往往只能致力于满足大部分利益群体的诉求。

---

① 陈庆云. 关于“利益政策学”的思考［J］. 北京行政学院学报，2000（1）：11－12.

② 陈庆云. 公共政策分析［M］. 北京：中国经济出版社，1996：92.

2. 有助于提高公共决策的效度和信度

提升公共权威是全面深化改革进程中公共决策的重要任务。从世界各国发展经验看，在新旧制度交替的关键时期，新旧制度之间往往存在着一定的权力真空，原有公共权威被削弱，新的权威还没有完全建立起来，决策方案的实施难以从体制内获得足够的支持力量，巨大的收益空间和较小的风险代价使部分利益主体倾向于通过制度外的途径获取和维护自身利益，导致社会利益行为失范，“上有政策、下有对策”“打擦边球”、寻租、腐败等发生的风险较大。这往往会破坏社会利益格局的稳定，甚至危及政府的合法性基础，导致公共权威流失、公共政策失灵甚至社会动荡、政权更替等严重后果，20 世纪后期拉美一些国家的发展道路印证了这一点。

从利益的角度分析公共决策过程，明确利益在公共决策中的基础地位和利益取向对公共决策的根本导向作用，可以从根本上维护公共权威，提高公共决策的效度和信度。一方面，明确政府的公共利益导向，使政府致力于扩大公共产品和公共服务的有效供给，可以凝聚全社会的智慧和勇气，推动社会的全面、协调、可持续发展；另一方面，强化政府的利益整合功能，构建公正合理的、能够激励各社会阶层致力于现代化建设的利益获取机制，规范不同利益主体的获利行为，杜绝平均主义、非法获取社会财富等不良获利行为，特别是杜绝政府利用公共权力获取自身利益和局部利益的行为，有利于改善经济环境，提高政府权威，提高社会成员对政治系统的认同、理解和支持程度，从而有效化解社会利益矛盾，为全面深化改革营造更加稳定的社会环境。

3. 有助于推进国家治理体系和治理能力现代化

全面深化改革具有深厚的历史渊源和鲜明的时代特色，是迈向全体人民共同富裕的重要举措，是实现“十四五”规划和 2035 年远景目标纲要的重要内容。从学理上看，全面深化改革是国家治理方式和治理逻辑的深刻变革，而不是简单的一般性的制度调整或修补①，这就赋予了治理概念以鲜明的政治内涵，并形成了新时代的中国新治理观。② 从更为本质的层面审视，以推进国家治理体系和治理能力现代化为总目标的全面深化改革，其中，国家治理体系是以利益关系结构为基础的政治权力主体与公民权利主体体系，国家治理能力现代化是政治权力主体和公民权利主体的能力构成要素和实现利益效能的现代化。③ 在这一过程中，决策能力和决策能力现代化是国家治理能力和治理能力现代化的重要体现，国家治理能力现代化内含着公共决策能力现代化。公共决策是对公共事务的决定，其更注重的是社会整体利益。④ 公共决策在对社会资源和社会利益的权威进行分配的过程中，必然受到利益集团等各种因素的影响。⑤ 在全面深化改革进程中，公共权力主体必须高度重视公共决策领域的利益问题，有效协调不同利益主体的利益关系，充分发挥公共决策的利益整合功能，进而增进共识，形成强大合力，凝聚推进国家治理体系和治理能力现代化的强大正能量。

"治国有常，而利民为本；政教有经，而令行为上。"（《淮南子·汜论训》）国家治理体系和治理能力现代化在一定程度上取决于"善治"的实现程度。我国是人民民主专政的社会主义国家，把人民利益放在首位是党的初心和使命的根本要求。党的十九大报告指出，"党的一切工作必须以最广大人民根本利益为最高标准。我们要坚持把人民群众的

① 朱孔军. 新时代全面深化改革的多维思考［J］. 华南师范大学学报（社会科学版），2020（3）：19－27.

② 朱光磊. 全面深化改革进程中的中国新治理观［J］. 中国社会科学，2017（4）：27－39.

③ 王浦劬. 全面准确深入把握全面深化改革的总目标［J］. 中国高校社会科学，2014（4）：4－18＋157.

④ A Partridge. Children and Young People's Inclusion in Public Decision－making［J］. Support for Learning，Vol. 20，No. 4（2005）.

⑤ 马桑、张苑漫. 大数据视域下公共决策模式之转变：经验、数据与统合［J］. 江汉学术（2）：35－42.

小事当作自己的大事，从人民群众关心的事情做起，从让人民群众满意的事情做起，带领人民不断创造美好生活。”民生连着民心，民心凝聚民力。公共决策坚持以人民为中心，为人民谋利益，关键是要不断提高运用新发展理念深化改革、推动发展、化解矛盾、维护稳定、应对风险的能力，真正做到从人民群众的现实需要出发，站在人民群众的角度思考问题，真诚倾听群众呼声，真实反映群众愿望，真情关心群众疾苦，依法保障人民群众的各项权益，努力实现好维护好发展好最广大人民的根本利益。

三、国内外研究现状及简评

当前国内外学术界对全面深化改革视域下公共决策中利益、利益冲突以及利益整合相关问题的研究，主要是从内涵与外延、文化与价值、制度与机制建设、利益表达与整合、公共利益与人民利益等多个维度展开的。

（一）国外研究现状

1. 从内涵、外延维度研究公共决策中的利益问题

作为一种学科理论的现代意义上的公共决策肇始于 20 世纪 40 年代末，以赫伯特·西蒙（1947）发表的《管理行为》为重要标志。那么，何为决策和公共决策的基本内涵呢？从词义上可以看出，“公共决策”这一概念由“公共”和“决策”复合而成。首先，“公共”的古典含义既源于希腊语“pubes”或“maturity”，也来自英语中的“common”，均暗含着“共同”或者“关心”的意思。[①] 值得进一步指出的是，区别于私人领域，“公共”的概念与内涵也常常是“政府”的同义语，这意味

① ［美］乔治·弗雷德里克森．公共行政的精神［M］．张成福等译，北京：中国人民大学出版社，2003：18.

着“公共”更多强调公共规范、公共精神、公共利益。① 就“决策”的具体含义而言，斯蒂芬·罗宾斯（1997）提出，决策就是决策者“在两个或多个方案中进行选择”。② Hastie（2001）表示，决策是人根据自己的意愿选择行动的过程。③ 戴维·米勒（2002）认为，决策是理性主体对外界挑战的果断反应。④ Butler（1991）进一步指出，公共决策过程就是决策制定者短暂结盟，为了实现公共利益，充分消除隔阂，共同作出决策⑤。Beierle（2002）认为，公共决策是从管理主义、多元主义到现代民主的演化过程中，它对市民社会及社会资本的壮大有重要影响。⑥ Partridge（2005）指出，公共决策是对公共事务的决定，其更注重的是社会整体利益。⑦ 从公共决策的学说发展上总体来看，当前公共决策在西方行政学研究中已经形成了一个跨学科、综合性的研究领域，研究的内容和视角包括组织行为学、制度经济学、公共管理、社会学等多个学科领域，研究的方法既注重基础理论研究，又非常注重实证研究和规范分析。

2. 从文化、价值维度研究公共决策中的利益问题

梳理西方公共行政学术史，可以发现，在决策理论的发展过程中公共决策越来越多地引入了价值的因素，特别是自 20 世纪 40 年代开始，

---

① ［英］戴维·毕瑟姆. 官僚制［M］. 韩志明、张毅译，长春：吉林人民出版社，2005：29.

② ［美］斯蒂芬·罗宾斯. 组织行为学［M］. 孙建敏译，北京：中国人民大学出版社，1997：6.

③ R. Hastie. Problems for Judgment and Decision Making［J］. Annual Review of Psychology, Vol. 51, No. 1（2001）.

④ ［英］戴维·米勒、韦农·波格丹诺. 布莱克维尔政治学百科全书［M］. 邓正来译，北京：中国政法大学出版社，2002：36.

⑤ R. Butler, Designing Organizations: A Decision making Perspective, London: Routledge, 1991.

⑥ T. C. Beierle & J. Cayford, Democracy in Practice: Public Participation in Environmental Decisions , Washington, DC: Resources for the Future Press, 2002.

⑦ A. Partridge, Children and Young People´s Inclusion in Public Decision - making, Support for Learning, Vol. 20, No. 4（2005）: 181 - 189.

一大批西方学者对公共行政中公共决策的价值因素进行了深入地思考与探究，其中代表性人物有古利克、西蒙、怀特·沃尔多、林德布罗姆、奎德 、登哈特等知名学者。① 例如：古利克最早摒弃了韦伯的官僚科层制理论中将行政看作是一种价值中立的活动的观点，将决策人员的心理需求、价值判断和价值追求纳入决策的研究议题；西蒙则更进一步认为，价值因素在公共决策中具有重要地位，决策人员的主观价值和社会价值是衡量决策正确与否的重要标准；怀特·沃尔多也不同程度地肯定了行政研究和公共决策中价值的重要作用，指出事实与价值有机相连、不可分割；而后在公共行政学的发展和研究过程中，林德布罗姆、奎德、登哈特等学者也不同程度地肯定了公共决策中价值研究的重大作用，特别是奎德一针见血地指出决策者的主观价值直接决定政策标准的选择。②此后，国外还有学者从价值理性与工具理性等更为深入的视角，探讨了建立在价值理性基础之上的职业伦理在公共决策中的重要地位，Dennis F（1992）认为，政府伦理是制定良好公共政策的前提，这是因为所有的政策都依赖于伦理。③ 正如戴维·伊斯顿（1993）从政治系统分析理论出发所指出的那样，公共决策是“对一个社会进行的权威性价值分配”，其结果（公共政策）往往表现为一种权威性的价值分配方案，“一项政策的实质在于通过那项政策不让一部分人享有某些东西而允许另一部分人占有它们……一项政策包含着一系列分配价值的决定和行动。”④

---

① 张晓红、宁小花. 服务型社会治理模式下的公共决策价值取向［J］. 中国行政管理，2011（2）：31－34.

② 丁煌. 西方行政学说史［M］. 武汉：武汉大学出版社，2009：159，198－215，358.

③ Dennis F. Thompson Paradoxes of Government Ethics［J］. Public Administration Review，1992（3）.

④［美］戴维·伊斯顿. 政治体系——政治学状况研究［M］. 马清槐译，北京：商务印书馆，1993：123.

3. 从利益表达、利益综合的角度研究公共决策中的利益问题

何为利益表达、利益整合或者利益综合的基本内涵呢？阿尔蒙德（1987）从结构—功能主义的角度，将利益表达和利益综合视为政策过程功能的重要部分，"当某个集团或个人提出一项政治要求时，政治过程就开始了。"这种提出要求的过程被称为利益表达。他还将制定政策与执行政策区分开来，将执行政策作为一个完整的政策过程的一个环节。决策过程的实质是多元利益主体寻求利益最大化而不断表达、综合、竞争的政治过程。① 戴维·伊斯顿（1989）则更为清晰地指出，利益表达是社会各团体或个人，将其在社会中分享利益的要求和愿望通过各种形式反映并提交给政治系统去解决的过程。② 斯梅尔赛（1993）认为社会发展是分化和整合互动作用的过程，因而利益整合是社会整合的重要方式，旨在协调不同社会利益主体间的关系。③ 具体来说，国外学者主要从以下两个微观视角探讨利益表达与利益整合过程中公共决策的相关问题：

一是关于公共部门（政府部门）非正当利益膨胀及其规制的理论探讨。公共选择学派在政治分析领域引入经济市场运行规律，认为无论是政府官员还是政府机构都有逐利经济人，有其自身的行为目标，政府职能的履行受到其自身利益和特殊利益集团的影响，而不总是从社会公共利益出发，这就使得政府决策行为存在某种内生的机制性（制度性）缺陷，使得政府决策存在偏离社会公共目标的倾向。萨谬尔逊（1992）就将这种制度性缺陷称为"政府失效"，他认为，"当政府政策或具体行动所采取的手段不能改善经济效率或道德上可接受的收入分配时，政府失

① ［美］加布里埃尔·A·阿尔蒙德，小G·宾厄姆·鲍威尔. 比较政治学：体系、过程和政策［M］. 曹沛霖、郑世平、公婷、陈峰译，上海：上海译文出版社，1987：135-200.

② ［美］戴维·伊斯顿. 政治生活的系统分析［M］. 王浦劬等译，北京：华夏出版社，1989：230.

③ ［美］斯梅尔赛. 变迁的机制和适应变迁的机制［J］. 国外社会学，1993（2）.

效便产生了。”① 霍布斯（1985）表明，公职人员在以政治身份谋求公共利益的同时也会谋求私人利益，且当公私利益发生冲突时，多数情况下，他会先考虑私人利益。② 卢梭（1762）也指出，行政官身上具有三种不同意志，首先是个人意志，其次是行政官团体的意志，最后是人民的意志，即公意。③

二是关于利益集团在公共决策中的影响及其矫治的问题。厄尔·莱瑟姆（1965）提出，利益集团的相互博弈影响政府决策结果，最积极、重要的组织对其产生最特别的影响。④ 罗伯特·达尔（1989）指出，政治权力受到多元集团节制，一定程度上推动了民主决策，但其自身仍存在一定缺陷。⑤ 托马斯·戴伊等（1991）认为，尽管多元集团参与政治生活有利于增强社会组织结构，但利益集团并不以为民众请愿为目标，只是打着公共利益的旗号为中上层阶级服务，有很强的阶级属性。⑥

4. 从公共利益的角度研究公共决策中的利益问题

早在17世纪末，洛克（1690）就在《政府论》中提出了类似观点，认为政府产生于人民权利的让渡，公共决策应该关注共同体的整体利益。⑦ 边沁（1789）的功利主义认为，公共利益并不是独立于个人利益之外的某种利益，当个人利益与公共利益统一时，个人利益就是公共利益，公共利益就是个人利益的叠加，而政府就是为了最大限度地实现

---

① ［美］萨谬尔逊、诺德豪斯．经济学（第12版）［M］．高鸿业等译，北京：中国发展出版社，1992：1186.

② ［英］霍布斯．利维坦［M］．黎思复、黎廷弼译，北京：商务印书馆，1993：123.

③ ［法］卢梭．社会契约论［M］．何兆武译，北京：商务印书馆，1980：83.

④ Earl Lathar. The Group Basis of Politics：A Study in Basing－point Legislation［M］. New York：Octagon Books，1965.

⑤ ［美］罗伯特·达尔多．多元主义民主的困境——自治与控制［M］．尤正明译，北京：求实出版社，1989：33－56.

⑥ ［美］托马斯·戴伊、哈蒙·齐格勒．民主的嘲讽［M］．孙占平、盛聚林、马驳等译，北京：世界知识出版社，1991：236－238.

⑦ ［英］约翰·洛克．政府论［M］．张羽译，北京：京华出版社，2000：46.

“最大多数人的最大幸福”。而阿尔弗莱德·弗得罗斯不同意边沁的观点，他认为公共利益不是个体利益的总和，亦不是人类整体利益，而是整个社会通过个体合作产生的事物价值的总合，其目的是通过努力构建自己的生活，使其与人性的尊严相符。① 洛厚德（1884）以地域划分人群，提出一区域内大多数人的利益就是公共利益，主张公共利益是任何人但不必是全部人的利益；与其处在同一时期的纽曼（1886）则认为公共利益具有开放性和不确定性，开放性即为任何人可接近，不专为某些人，不确定性则指受益人是不确定的多数人的利益，只要不确定的多数人的利益存在即属公共利益。② 亚瑟·本特利（1908）认为，政府公共事务的处理取决于相互冲突的集团压力，应将政府视为公共利益的平衡器。③ 斯蒂尔曼（1988）指出，民主国家的公共利益是由人民授权的民主政府代表并通过一系列具体的政策而致力实现的，对政府来说，“如同领导的作用一样，决策应建立一种对一般公共利益的责任。”④ 亨廷顿（1989）表示公共利益不是先天存在的东西，也不是政治过程产生的结果，而是一种能够增强统治机构的东西。⑤ 特里·库珀（1990）表明，公共利益是政治的迷失和非存在，要想给出一个公共利益的定义能得到理论界或实际工作者的公认，是不可能的。⑥ E·R·克鲁斯克、B·M·杰克逊（1992）提出，公共利益不是某一部门或行业的利益，而是国家或社会中占绝对地位的集体的利益，它表示的是一个政体内大多数人的

---

① ［美］E. 博登海默. 法理学：法律哲学与法律方法［M］. 邓正来译，北京：中国政法大学出版社，1998：28.

② 宋永宜. 公共利益研究的文献综述［J］. 中外企业家，2009（24）：38－39.

③ A. Bentely. The Process of Government：A Study of Social Pressures［M］. Chicago：University of Chicago Press，1908.

④ ［美］R·J·斯蒂尔曼. 公共行政学（下册）［M］. 李方、潘世强等译，北京：中国社会科学出版社，1988：30.

⑤ ［美］塞缪尔·P·亨廷顿. 变化社会中的政治秩序［M］. 王冠华等译，北京：生活·读书·新知三联书店，1989：23.

⑥ Cooper·Terry L. The Responsible Administrator［M］. San Francisoc－Jossey－Bass Publishers，1990.

利益，即公共政策最终是要提高大多数人的福利。[①] 莱斯利 · 雅各布（2004）将公共利益的定义大致归纳为四种：一是公共利益仅仅是指一个国家中所有公民共同享有的那类个人利益；二是公共利益代表着一个社会里大多数公民的最大利益；三是公共利益表示在国家中存在着区别于特定公民利益的东西；四是公共利益指个人作为公共社会成员所共同拥有的那些利益。[②] 爱尔维修将公共利益视为美德的目的，将对公共利益的追求视为个人利益道德与否的标准，认为只有将公共利益与个人利益有机结合才能产生真正的美德。[③]

（二）国内研究现状

1. 从价值的角度研究公共决策中的利益问题

与西方学者关于公共决策中价值问题的观点一脉相承，国内不少学者也认为公共决策中的价值问题不容忽视，特别是官僚科层制的工具理性在面对公共决策中的价值问题时，其局限性是自身无法克服的，必须要放弃“价值中立”的神话，探讨公共决策中的主观性和价值性问题（孟凡民，2006）。[④] 比较有代表性的学者和观点主要有：颜佳华（2005）指出公共决策是公共组织特别是政府针对有关公共问题，为了实现和维护公共利益而作出的行动或不行动的决策，“我国经济体制转轨和社会生活的变化带来了多元化的价值体系，给公共决策提出了新的要求，要求公共决策必须考虑社会不同领域、不同主体之间的利益差别，在多元

① ［美］E · R · 克鲁斯克、B · M · 杰克逊. 公共政策词典［M］. 唐理斌译，上海：上海远东出版社，1992：30.

② ［加］莱斯利 · 雅各布. 民主视野——当代政治哲学导论［M］. 吴增定、刘凤罡译，北京：中国社会科学出版社，2004：86.

③ 唐代兴. 利益理论［M］. 北京：北京大学出版社，2002：103.

④ 孟凡民. 公共决策中的理性：价值问题研究［J］. 中国行政管理，2006（7）：97－100.

的利益主体间求得利益的协调和均衡。”① 左飞、周文文（2012）研究认为公共决策具有秩序关怀的价值指向，这与法律中的秩序价值是相通的，均包含着对秩序的极大关怀。②

还有学者探讨了公共决策中的价值取向和价值目标问题。徐元善（2008）认为从公共决策的伦理价值视角来审视，公正是基层政府公共决策的根本价值遵循和价值取向。③ 刘霞（2008）也强调指出公共决策所关涉的价值，无论是在思想史维度考量，还是在学理层面分析，公平公正都是公共决策的优先性价值。④ 任勤（2008）进一步分析指出，作为价值观的公平不仅是政府公共政策的核心价值，而且是矫正公共政策存在的利益冲突和失衡的主要措施之一，这是由于只有公共政策是公正的，才能够输出促进社会稳定的利益协调机制，因此公共决策的整个过程都必须要体现公正的价值观，并以此达到利益整合之目的。⑤ 尹长海（2012）认为民生改进、社会和谐以及人的全面发展是政府公共决策的价值目标，要实现上述价值目标应当转变政府决策理念，坚持以人为本；促进经济又好又快发展，满足人民的物质文化需要；以构建公正的社会秩序为目标，促进合理的制度的制定和完善。⑥ 张晓红、宁小花（2011）认为在服务型政府和服务型社会治理模式下，服务行政的公共决策价值取向应当包括公共决策要以人为本，公共决策的形式与内容要民主，公共决策中要坚持法治与公正，坚持公开、公平和信任，公共决策要变通、

---

① 颜佳华等．公共决策研究——文化视野中的阐释［M］．长沙：湖南人民出版社，2005：387.

② 左飞、周文文．公共决策与法的逻辑路径——以秩序价值为视角［J］．法制与社会，2012（19）：9－10.

③ 徐元善．基层政府公共决策的价值分析与制度保障［J］．浙江海洋学院学报（人文科学版），2008（1）：4－7.

④ 刘霞．论公共决策的优先性价值［J］．伦理学研究，2008（6）：71－74.

⑤ 任勤．公平的公共政策是利益整合的关键［J］．四川大学学报（哲学社会科学版），2008（6）：42－46.

⑥ 尹长海．政府公共决策价值目标的实现路径［J］．理论界，2012（4）：37－39.

适应和灵活，要存在互动责任和收到高效等效果。①

也有学者剖析了不同政策议题中公众参与公共决策的价值及意义。董韦（2009）认为公民参与公共决策的价值主要包括规范国家与社会间的合作关系、提升公民的政治效能感、促进公民接收集体决策、培育公民的公共理性等，因此，要注重有序推进公民参与公共决策的价值秩序。② 李少惠、王迪（2020）则是以《北京市生活垃圾管理条例》的出台为研究案例，并基于“价值—利益—权利”的研究框架，分析了公众参与公共政策制定过程的行为逻辑，指出不同利益主体所秉持的价值观念是其在政策制定过程中的行为出发点，并且直接影响到对同一事件的性质判定。③ 何志武、陈呈（2020）指出公共决策在本质上是一种价值评价活动，而网络民意分析正是这样的一种价值评价活动，能够化解网络民意与公共决策之间存在的张力和矛盾。④ 颜陈（2016）也明确指出网络舆论对于公共决策具有降低政治参与成本、促进科学决策；提升公共服务水平、促进决策回归民本；推进行政文化转型、重塑决策理念；优化社会治理机制、约束决策公权等方面的价值。⑤ 马小娟（2014）则更为具体地指出，公民网络参与公共决策的价值在于提高公民政治参与能力，提升公共决策的质量和水平，充分实现公民的参与权并且促进公民的政治社会化，推动社会问题更加迅速地转向政府议程，保障公共决策信息的充足，降低公共决策执行的难度和成本。⑥

---

① 张晓红、宁小花．服务型社会治理模式下的公共决策价值取向［J］．中国行政管理，2011（2）：31－34．

② 董韦．我国公民参与公共决策的价值与秩序［J］．中共贵州省委党校学报，2009（6）：72－74．

③ 李少惠、王迪．“价值－利益－权利”：公众参与公共政策制定的行为逻辑——基于《北京市生活垃圾管理条例》的出台过程解读［J］．上海城市管理，2020（2）：53－61．

④ 何志武、陈呈．公共决策视域下的网络民意分析：主体性、科学性与倾向性［J］．电子政务，2020（2）：66－75．

⑤ 颜陈．舆情服务在公共决策中的价值体现［J］．领导科学，2016（7）：15－16．

⑥ 马小娟．公民网络参与公共决策的价值、风险及优化策略［J］．理论探索，2014（6）：97－101．

2. 从制度的角度研究公共决策中的利益问题

有学者注意到，政府本身的功能性缺陷（政府失灵）往往会引起利益冲突，这种利益冲突只能在有效制度的安排下予以缓解，其政策层面的含义即是，要“把政府活动局限于市场及其他社会组织管不了和管不好的领域”。① 同时，为了尽可能减少公共决策的失误，必须推进公共决策由经验决策向科学民主决策转变，健全公共决策专家咨询制度：推进专家咨询制度程序化，杜绝随意性和盲目性；提高专家的公信力，提高公众对专家的信任度；加强公共决策者与专家之间的沟通交流；培育和利用民办智囊机构。② 国内学者对于从制度的角度探讨公共决策中的利益问题研究的主要焦点在于如何完善公共决策的制度体系和运行机制等，具体体现在以下几个方面：

一是建立健全公共决策中的利益协调机制、利益博弈机制、利益表达机制和利益协调机制等操作性机制。主要的代表性学者和观点有：黄子建、申永丰（2006）在建设社会主义和谐社会的视角下，探讨了公共决策中如何优化利益协调机制的问题，认为公共决策既是对公共利益的权威性配置，也是构建和谐社会的必要调控手段，为此，应当通过健全和完善科学决策机制、多元利益表达机制、利益导向机制、公民参与机制和监督约束机制等实现对于公共决策力协调机制的不断优化。③ 李彬（2007）分析指出当前我国公共决策存在着公共性弱化、公正缺失，决策部门化、利益化，“专家悖论”问题凸显等问题，为此，应当创新公共决策理念：一方面，公共决策要突出公共性、明确正义底线、把握妥协原则；另一方面，应当加快完善公共决策的制度化保障机制，满足多元利益诉求，具体来说应当通过创新执政理念、实行阳光决策、制定科

---

① 柳新元. 利益冲突与制度变迁［M］. 武汉：武汉大学出版社，2002：122.

② 杨静娴. 健全公共决策专家咨询制度的对策分析［J］. 领导科学，2011（20）：54－56.

③ 黄子建、申永丰. 和谐社会视角下公共决策利益协调机制的优化［J］. 求索，2006（6）：166－168.

学的竞争规则等，以谋求畅通利益诉求表达的制度化渠道，通过树立决策的协调理念、加强责任政府建设、完善公众听证制度等，进一步完善利益诉求协调机制。① 俞祖成、庄秀娟（2010）将广州市“番禺垃圾焚烧事件”作为研究个案，探讨了在这一公共事件中公众、政府与私人不同的利益诉求对于公共决策的重要影响，及其由此而产生的不同利益主体之间的利益博弈；并进一步提出了完善公共决策利益博弈机制的相关制度性措施，具体包括促进公民参与、实现决策主体多元化，推进决策程序法治化、保障博弈规则公平公正，并不断健全和完善公共决策的监督机制问责制度等。② 陈建先、王超（2015）认为人民对于利益表达权的需求和享有、现实利益分配的需要，以及推进国家治理能力现代化的要求，是完善公共决策中利益表达机制的题中应有之义。但是当前还存在着利益表达主体不平衡、客体不作为、渠道不畅通、方式非制度化，以及弱势群体利益表达的激进化和非制度化等问题，应当以提高利益表达的制度化水平建设为旨归，营造利益表达的文化氛围、完善利益表达的整合机制、畅通利益表达的渠道、提高利益表达的制度化水平。③ 刘中起（2015、2016）以河南周口和安徽安庆的两起殡葬改革事件为例，探讨了基层治理背景下公共决策中的利益冲突及其利益整合机制建设的问题，认为作为公共决策的殡葬改革在基层治理中的利益牵连极大，在这一公共决策过程中，基层政府应当努力促进从利益冲突走向利益整合。这就需要构建基层治理中公共决策的利益均衡机制④，并且通过畅通利益表达机制、健全权力约束机制、构建利益导向机制、完善利益协调机

① 李彬. 和谐社会、利益诉求与政府公共决策［J］. 特区实践与理论，2007（4）：39－42.

② 俞祖成、庄秀娟. 我国公共决策中的利益诉求与利益博弈分析——以“番禺垃圾焚烧事件”为例［J］. 广东广播电视大学学报，2010（3）：64－70.

③ 陈建先、王超. 主题·问题·难题·破题：公共政策制定中的利益表达机制研究［J］. 重庆理工大学学报（社会科学），2015（8）：78－82.

④ 刘中起. 公共决策如何从利益冲突走向利益整合［J］. 行政管理改革，2015（5）：68－72.

制，促进基层治理中公共决策的利益整合。①

二是强调要适应深化改革、人工智能等社会发展背景的变迁，不断完善公共决策的制度体系。陈国权、周鲁耀（2012）探讨了公共决策中利益冲突的制度性治理措施，认为在改革开放的大背景下，财富迅速积累，公共决策中的利益冲突加剧，加之利益表达渠道不完善、决策体制缺乏分权制衡、决策规则缺乏刚性、决策个人利益保障不足，导致对于公共决策中的利益冲突的防范与化解十分困难。应当畅通利益表达渠道、增强公共决策的开放性，防止权力集中、促进权力结构转型，限制决策者自利行为、完善规则体系，强化利益引导、完善决策激励机制。② 周伟（2017）认为当前我国公共决策制度存在的问题主要表现在四大方面：（1）在决策信息系统上，存在着信息机构不多、信息人员素质不高、信息传递失真、信息反馈机制不健全、信息技术手段落后等问题。（2）在决策咨询系统上，存在着决策咨询机构发育不齐、决策咨询缺乏独立性、决策咨询机构的研究水平落后、决策咨询人员老化等问题。（3）在决策中枢系统上，存在着决策主体职责权限交叉、综合协调难度较大、决策主体价值取向存在偏颇、决策的程序化民主化和科学化不足等问题。（4）在决策监控系统上，存在着决策监督流于形式、并且空转和虚化，监督明显滞后、监督主体之间协同不足等问题。为此，应当从决策的信息系统、咨询系统、中枢系统、监控系统等方面不断优化我国公共决策机制。③ 汪海玲（2020）深度分析了大数据、区块链等智能信息技术背景下公共决策的制度与机制创新问题，认为在大数据的信息技术背景下，传统的公共决策存在着不确定性增强、多中心决策引发整合困难、个人信息安全受威胁等方面的风险与挑战；但是，大数据、区块

---

① 刘中起．基层社会治理中公共决策的利益冲突及整合机制研究——基于两起殡葬改革事件的案例分析［J］．城市观察，2016（3）：78－88．

② 陈国权、周鲁耀．公共决策中的利益冲突及其治理［J］．探索与争鸣，2012（9）：7－10．

③ 周伟．当前我国公共决策机制存在的问题及对策［J］．中国党政干部论坛，2017（8）：56－58．

链等信息技术与公共决策可以耦合，并且能够驱动公共决策实现变革创新。为此，应当促进区块链技术与公共决策的有效融合，实现信息技术背景下公共决策机制的创新发展。① 周业柱（2010）探讨了公共决策中产生腐败的原因，提出建立健全公共政策制定、执行、公共决策评估和追责等监控机制，是从制度上预防公共决策腐败的有效举措。②

还有学者专题探究了公众参与公共决策存在的制度性障碍及其矫治策略。宋海风（2018）探讨了公共决策制度构建阶段公众参与问题，认为在公共决策愈加民主法制的进程中，公众参与的“怀疑派”和“盲目派”两种错误倾向，容易造成公众参与不足或失控，导致公共决策的失败，因而决策者要明确公众对自己行为负责的能力大小、政府有关部门对公共政策的要求、公权力机关对公共政策的合法性要求等公众参与原则，把握好决策者在民主与集中间的平衡、决策者对公众在信任与放任间的平衡、决策者在公共参与中有效有序的平衡，方可不断优化公共决策体系。③ 蒋淑波（2016）通过研究我国公众参与政府公共决策法律制度，指出我国公众参与政府公共决策存在许多困境和法律缺陷，这种困境主要来自政府和公众。政府方面，不明确什么样的决策需要公众参与，如何吸纳公众参与；公众方面，存在的问题是公众处于被动的不明确状态，公众与政府的信息不对称、政府和公众之间“互信”资本的缺失、公众参与的动力不足、公众参与模式不足等。要走出这些困境，就要完善公众参与政府公共决策法律制度，明确界定和有效组织公众参与，明确界定公众参与“公共决策”的情形，明确公众参与公共决策的程序，违反公共决策的效力及其法律责任。④ 刘淑妍（2015）梳理了我国公共

① 汪海玲．区块链技术驱动下公共决策机制创新研究［J］．领导科学，2020（16）：18－21．

② 周业柱．公共决策监控机制：特点、问题与对策［J］．中国行政管理，2010（7）：29－31．

③ 宋海风．公共决策制度构建阶段公众参与问题探究［J］．理论导刊，2018（1）：59－62．

④ 蒋淑波．完善我国公众参与政府公共决策法律制度研究［J］．理论探讨，2016（2）：35－38．

决策中公民参与的相关内容和规定，认为影响公众参与公共决策的因素主要有公众参与的代表性、透明度、可持续性三方面，促进公众参与的重要制度安排是推广重大决策社会风险评估，针对不同政策类型，嵌入不同的公众参与内容和方式，在公共政策过程中充分融入参与式决策体系。① 金华（2013）认为公民参与能够彰显公共决策的民主价值、提升公共政策质量，要保障公众高效参与公共决策就要寻求制度上的突破，从细节做起，设计有效的公众参与过程管理：调节公民参与的心理预期、有效引导公民参与的层次、合理安排公民参与的时间、有序管理公民参与的现场等，实现公民高效有序地参与公共决策。② 曾国平（2008）提出公民参与是公共决策机制的基石，但我国公民参与公共决策机制存在主体、信息、程度、机制、积极性等方面的缺失，要不断完善我国公众参与的专家咨询制度、决策互动机制、社情民意反映机制、公民参与表达机制、参与型文化建设机制，促进我国公共决策更加科学民主。③

3. 从利益表达、利益整合的角度研究公共决策中的利益问题

公共决策是利益博弈的过程，是对利益的权威性配置，而且这种配置是通过利益关系的调整实现的，利益作用于公共决策的机制过程是通过利益诉求、利益表达、利益取向、利益冲突和利益整合等运行逻辑实现的。④ 不少学者从利益表达与利益整合的视角探讨公共决策中的利益问题，集中表现在以下几个方面：

第一，关于公共决策中利益表达、利益协调和利益综合等的理论性

① 刘淑妍、朱德米．当前中国公共决策中公民参与的制度建设与评价研究［J］．中国行政管理，2015（6）：101－106．

② 金华．公民参与公共决策：从制度设计走向过程管理［J］．理论探讨，2013（1）：161－164．

③ 曾国平、王福波．论公民参与视角下我国公共决策机制的完善［J］．云南社会科学，2008（3）：27－30．

④ 申永丰．公共决策的利益相关性分析［J］．求索，2011（6）：67－69．

思辨与探讨。比如，王春福（2006）认为，公共政策的形成“实际上就是社会各个阶层和各个群体把利益要求输入社会政治系统，公共政策主体从特定的价值取向出发，对各种利益要求进行整合的结果”。① 政府是以公共政策为手段来协调社会利益关系的，完善其利益协调机制，要通过健全利益表达机制、利益导向机制、利益整合机制、利益约束机制等具体途径实现。宋安平（2007）指出应当辩证地认识和看待适度的利益冲突，这是由于利益冲突能够完善利益表达和利益综合机制、减少政府决策的随意性、通过提高公民的参与促进基层民主、形成有效的体制外监督力量和机制，但是，也必须要重视和正视公共决策中的利益冲突，通过完善民主决策程序、拓展利益诉求渠道等方式有效化解公共决策中的利益冲突。② 黄子建（2008）认为公共决策是一个利益博弈的过程，在这一过程中伴随着各方利益的冲突，其中，公共决策的基本依据是利益取向，内在动力是利益冲突，实现途径是利益整合，因此基于和谐社会的利益格局，在公共决策中一定要正视不同主体的利益诉求、坚持公正的利益取向、健全利益整合机制、合理分配和有效增进公共利益。③ 申永丰（2011）进一步分析认为，我国社会转型过程中公共决策利益冲突主要表现为利益格局重构、利益主体发生分化、公共需求不断增长、逐利行为多样，这是由制度环境层面政府失灵、经济环境层面所有制结构调整、文化社会环境方面利益观念变化、社会关系层面社会利益格局重构等因素的变化所引起的，应当通过有效协调和整合不同利益主体之间的利益关系，强化公共决策中利益冲突的治理。④ 刘悦、陈建先（2011）探讨了直接利益与间接利益、局部利益与整体利益、个人利益与团体利益等利益范畴的语义内涵、基本关系和协调机制，认为公共决

① 王春福. 和谐社会与公共政策的利益协调机制［J］. 学术交流，2006（1）：120－124.
② 宋安平. 公共决策中利益冲突的几点思考［J］. 湖南行政学院学报，2007（6）：14－16.
③ 黄子建. 公共决策利益博弈与和谐社会利益格局［J］. 求索，2008（8）：73－75.
④ 申永丰. 转型期中国公共决策的利益冲突［J］. 长沙大学学报，2011（3）：49－51.

策即是对上述利益范畴进行博弈和均衡的过程。①

第二，关于公共权力主体自身利益、非正当利益（法外利益）如何有效规制的理论探讨。方然（2009）对公共决策中地方政府的利益取向进行了问卷调查和量化实证分析研究，通过回归分析发现地方政府在公共决策中一方面谋求公共利益，另一方面也在实现自身利益。据此，作者指出，应当通过规范央地之间、上下级之间政府的协调程序，健全府际之间的利益表达渠道，使得地方政府在公共决策中不断增进公共利益并且减少政府法外利益。② 管博佳、彭俊（2009）也进一步探讨了公共决策中政府的非正当利益（法外利益）问题，并且指出这种非正当利益可能会导致地方政府自身利益膨胀，并最终在公共决策中偏离决策的公共性；为此应当通过协调、整合和平衡各方利益关系，完善政府利益约束机制，坚持公共决策的“公共”原则，坚持人民利益至上等措施和手段消除政府的非正当利益，实现公共决策的公共性。③

第三，关于社会与公众参与公共决策的利益博弈及利益协调问题的实证分析。陈潭（2009）实证探究了“一事一议”场景下村庄公共决策的集体行动逻辑，提出村庄公共决策是一个非契约化和完全信息状态下的迭演博弈过程，村干部处于主导地位，村民的利益诉求表现出一种策略性表达和认可的行为倾向；同时，当利益出现分歧的时候，而村民选择却会出现“一致通过”的结果，村庄公共决策实质处于一种行政主导和精英控制的逆选择状态。④ 范仓海（2010）以南水北调工程这一重要的公共决策为案例开展研究，发现在这一公共决策过程中存在着三个不

---

① 刘悦、陈建先．政府公共决策利益博弈的抉择［J］．成都行政学院学报，2011（6）：9－11.

② 方然．地方政府公共政策的利益取向分析——基于四级地方政府的问卷调查［J］．中国行政管理，2009（1）：119－121.

③ 管博佳、彭俊．浅析公共决策过程中的政府利益问题［J］．法制与社会，2009（11）：178－179.

④ 陈潭、刘祖华．迭演博弈、策略行动与村庄公共决策——一个村庄“一事一议”的制度行动逻辑［J］．中国农村观察，2009（6）：62－73.

同的利益博弈方，分别是中央政府、水源区和受水区，水源区和受水区因为存在不同的利益导向，相互之间的利益博弈趋向非理性，必须在中央政府强有力的行政干预下才能够形成各方利益最大化的公共决策。① 杨畅（2013）认为在构建和谐社会的时代主题和价值理念指导下，公共决策就是利益主体博弈的过程，是对社会利益和价值权威性分配的过程，在这一过程中应当以协调和整合各方的利益为决策的根本目标，这就需要公民积极参与公共决策；但是，当前公民在参与公共决策中仍然存在着决策绩效不高、参与角色分布不平衡、决策质量难以保证等问题，应当在公民参与主体的确定、途径的选择、核心价值观的确立等方面有所建树，以有效整合各方利益冲突、促进社会和谐稳定。② 郑旭文、徐振东（2013）则进一步探讨了社会利益格局多元化背景下公众参与公共政策的重要意义，认为公众参与公共政策是培养公民公共精神、提高公民政治效能和社会共同体认同，以及公民自我个体实现的重要手段和渠道；同时，公众参与也为社会公共秩序的维系、社会利益的整合和社会的平衡发展、政府公共权力的建构提供了重要的基础。③

第四，在公共决策的视野与范畴下，探讨了更为具体的公共政策过程中的利益冲突及利益整合问题。韩欢欢（2014）指出在收入差距不断拉大、政治权益保障和社会保障失衡的条件下，不同群体间的利益关系失调问题愈发严重，这就要求必须将公共政策作为利益协调的重要工具；然而当前公共政策在利益协调中存在着价值观层面效率与公平的冲突、政策主体层面存在着垄断性与多元化的冲突、政策议程上存在着内输入与外压力的冲突，为此应当调整公共政策的价值取向、坚持公平的价值

① 范仓海. 南水北调工程公共政策形成中的利益博弈分析［J］. 科技管理研究，2010（17）：205－209.

② 杨畅. 公民参与公共决策的契机研究——基于“利益博弈”价值观的历史嬗变［J］. 学理论，2013（14）：9－11.

③ 郑旭文、徐振东. 利益多元化背景下公众参与公共政策制定的功能［J］. 北京工业大学学报（社会科学版），2013（1）：41－47.

理念，让公民、社会等主体参与到公共政策中来重新界定政策主体。① 在此基础上，王运锋（2016）则另辟蹊径，深度分析了公共政策过程中部门利益冲突的主要原因，认为在公共政策制定过程中不同部门的政治权力追求、经济利益追求、部门政绩追求和价值观追求构成了不同部门政策行为的动因。② 郭渐强、梁琳（2018）基于“营改增”的公共政策案例，分析了在政策终结环节不同利益主体之间的博弈及其冲突和消解的问题，认为政府作为一项公共政策终结的推动者，在各方利益的分化和博弈中，应当采取明确诉求、弱化冲突、坚持底线、争取中坚力量的行动策略促进公共政策终结。③ 张国磊、曹志立（2020）基于“利益—责任”的分析框架，对Q市进行个案分析，探讨了公共政策问题中部门征求意见的价值取向和行为逻辑，发现在公共政策制定过程中部门内部征求意见能够缓和部门内在冲突，拓展部门利益博弈的空间，既是利益吸纳的内部化表现，也能够使各方利益在动态调试下获得均衡分配，据此指出应当重视部门内部征求意见，避免在公共政策执行环节出现“中阻梗”。④

第五，关于利益集团在公共决策中的影响及其矫治的问题。一些学者对利益集团在公共决策中的影响和表现、评价与治理等也进行了广泛地研究和探讨。⑤ 近几年来具有代表性的研究成果有：刘超（2011）研究表明，我国公共决策中的利益集团冲突日趋明显，影响了公共政策效率，造成公共政策僵化，导致政策公共性缺失；为了控制公共决策中利

① 韩欢欢．利益协调中我国公共政策的选择［J］．宁夏党校学报，2014（5）：67－69.

② 王运锋．公共政策制定过程中部门利益冲突的动因分析［J］．河北大学学报（哲学社会科学版），2016（6）：105－109.

③ 郭渐强、梁琳．基于利益冲突的公共政策终结策略——以“营改增”政策为例［J］．求实，2018（4）：65－75.

④ 张国磊、曹志立．上下左右——部门征求意见中的利益吸纳和责任排斥［J］．公共行政评论，2020（6）：1－20.

⑤ 石火学、邹胜男．我国利益集团对公共政策影响研究综述［J］．行政与法，2015（11）：13－18.

益集团的冲突，根据利益集团协商解决冲突理论提出一系列控制利益集团冲突的具体路径：在利益集团协商性决策中，科学地界定政府角色、积极完善平台、加强相关制度建设、优化其利益基础。① 高伟轩（2016）探析了美国历史上各种利益集团对国家公共政策的主要影响，认为美国历史就是一部利益集团长期博弈的历史，美国利益集团对公共政策动议、制定和执行都发挥着重要影响，具有积极和消极的双重作用：一方面，他们将公众的不同诉求传递给政府，使政府能够及时根据民众的需要优化政策环境；另一方面，利益集团逐利性过于明显，总是试图干扰正常法律程序，降低了政府效率。② 赵新峰、蔡天健（2019）以全美步枪协会（NRA）为例，研究了美国公共政策制定过程中利益集团的行动逻辑，通过利益驱动、制度基础、资源结构、策略选择四个方面分析了利益集团对美国枪支管控政策的影响，表明美国利益集团会通过各种方式向政府机构提出要求或施加影响，使政策最大限度符合其自身利益。③

4. 从人民利益的角度研究公共决策中的利益问题

李玲玲（2018）等基于马克思主义视角下“逻辑起点”的经典论述，认为公共政策的逻辑起点不是市场失灵、也不是政府利益、亦不是民意或者说公众需要，而是公共利益，这是因为公共利益作为分析公共政策的逻辑起点符合马克思关于逻辑起点的论述，即公共利益是抽象的存在、是最简单的东西、是政策的细胞元素。总而言之，公共政策始于而又止于公共利益，两者之间具有历史和逻辑起点的一致性。④ 刘金梅（2015）等通过对公共利益与政府利益的关系分析，指出公共政策的问

① 刘超．公共决策中的利益集团冲突及其控制［J］．甘肃社会科学，2011（1）：73－76．

② 高伟轩．美国历史上各种利益集团对国家公共政策的主要影响［J］．沈阳农业大学学报（社会科学版），2016（5）：625－628．

③ 赵新峰、蔡天健．美国公共政策制定过程中利益集团的行动逻辑——以全美步枪协会（NRA）为例［J］．行政管理改革，2019（5）：92－103．

④ 李玲玲、梁疏影．公共利益：公共政策的逻辑起点［J］．行政论坛，2018（4）：70－75．

题本质上就是公共利益的问题，政府职责是使公共政策有效地实施以实现公共利益，而公共利益又不可避免其内部的政府利益，这就要求政府要克服其自利性行为，探索公共政策实施过程中公共利益与政府利益互惠的路径，规避政府利益对公共政策有效性的影响。① 高丽（2013）通过对公共政策丧失公共性，偏离原本价值目标等问题的分析，提出公共利益是公共政策的出发点，并阐述了政府行为应依据民主化、法治化、权力制约、权责统一、利益平衡的公共利益原则，以推进改革顺利进行，缓解矛盾冲突。② 张蕾（2011）表明，公共政策需要公共利益来评判其自身的合法性，公共利益是公共政策的逻辑起点和最高目标，公共政策是实现公共利益的重要手段。公共政策的实施过程就是追求公共利益最大化的过程。③ 汪旻艳（2006）等提出，公共利益是公共决策的根本出发点和主要着力点，在公共决策领域，要以公平为指导，以公共利益为根本价值取向，不断强化公共决策的公共利益取向是解决错综复杂社会问题的有效途径。④ 王鹏（2005）分析了公共决策中的公共利益问题，探讨了公共利益在决策过程中实现的可能性，阐释了不同公共决策主体间利益分布的非均衡化、决策共同体内部利益分布不均衡而引发的公共利益的妥协，提出公共决策应是利益博弈过程，共生式决策模式才是实现公共利益的有效途径。⑤赵成根（2000）认为，当代民主政治的逻辑是为社会公众服务，代表并最大限度地实现以群体利益为基础的社会公共利益，“如何有效地代表和实现公共利益，取代保护公民权利和自由，成为民主治理的首要目标。”⑥ 周发源（1999）认为，决策必须以人民群

---

① 刘金梅、付浩海．公共政策过程中的公共利益与政府利益关系问题研究［J］．长春工程学院学报（社会科学版），2015（1）：55－57.

② 高丽．公共政策中的“公共利益”问题探讨［J］．哈尔滨学院学报，2013（5）：39－42.

③ 张蕾．公共利益：公共政策的价值与过程［J］．毕节学院学报，2011（12）：95－97.

④ 汪旻艳、李晓辉．公共利益是公共决策的根本出发点和主要着力点——社会主义和谐社会的新要求［J］．中共长春市委党校学报，2006（1）：49－51.

⑤ 王鹏．公共决策中的公共利益问题探析［J］．甘肃行政学院学报，2005（2）：41－42.

⑥ 赵成根．民主与公共决策研究［M］．哈尔滨：黑龙江人民出版社，2000：16－31.

众利益为出发点和归宿，人民利益和人民意愿是评判决策的最高标准。①

（二）简要评价

国内外学者的研究，回应了全面深化改革进程中公共决策发展的现实需求，拓展了深化机构和行政体制改革研究的视阈，为“转变政府职能，深化简政放权，创新监管方式，增强政府公信力和执行力，建设人民满意的服务型政府”提供了理论依据。但由于内外环境的变化，中国公共决策面临的利益冲突将更尖锐，利益整合将受到更多的挑战，对相关理论研究也会提出更高的要求。概言之，深入研究全面深化改革进程中公共决策利益冲突与利益整合的理论和实践问题，亟待拓展的领域主要有三个：

1. 理顺利益分析与价值分析的关系

价值是客体相对于主体的有用性，利益是客体对主体需要的满足。利益是价值的深层因素，利益关系是价值关系形成的基础，“价值关系是主体和客体之间的利益关系，即主体对客体的需要同客体满足主体需要之间的关系。”② 在公共决策中，公共权力主体面临着具体的公共问题，其解决需要通过公共物品的有效供给，这就必须使抽象的价值和价值关系具体化，将利益作为价值的实现途径，通过利益整合，解决中国公共决策的实际问题。

2. 加强与中国国情的结合

利益分析是马克思主义研究社会问题的基本方法。但马克思主义提供的是一种方法论原则，在具体运用中，需要与中国国情结合起来。目

---

① 周发源. 人民利益和人民意愿是评判决策的最高标准［J］. 湖湘论坛，1999（2）：7－8.

② 李秀林、王于、李淮春. 辩证唯物主义与历史唯物主义（第四版）［M］. 北京：中国人民大学出版社，1995：319.

前，中国决策科学研究在一定程度上还存在理论与实践相脱离、国内与国外脱离的弊端，因此，对全面深化改革背景下公共决策中利益冲突与利益整合的研究，必须按照马克思主义利益分析的理论、观点和方法，结合中国社会利益关系调整和利益格局重构的实际情况，借鉴西方国家社会转型的经验，也就是要把理论的东西实践化，把外国的东西中国化，把中国的东西具体化。

3. 加强对公共利益内涵、实现途径的研究

一些研究成果对公共利益的界定还不甚明确，对其实现途径的分析也显得很宽泛，很抽象。这种抽象的利益观给政府在公共决策中的职能转变、角色定位带来了困难，致使公共权力被异化。实际上，不存在抽象的、绝对的公共利益，公共决策中的公共利益是妥协化了的具体利益及其综合体。为此，需要加强对公共利益内涵及其实现途径的研究，为全面深化改革背景下深化机构和行政体制改革提供依据。

四、研究思路与方法

（一）研究思路

本研究从全面深化改革的实质着手，将中国公共决策置于历史—现实—未来、国内—国外的立体框架内进行多角度的审视，按照阐发理论、服务现实、面向未来的思路，综合运用政治学、社会学、行政学、管理学等学科的研究成果，采用系统的、比较的观点，以期为全面深化改革背景下中国公共决策利益的整合提供一个基本的理论分析框架、应用的方法论原则和可供借鉴的实现途径，并运用这些理论、观点和方法进行实证研究，指导中国高考政策变革的实践。

在具体研究思路上，遵循这样一条逻辑线索：将中国公共决策置于全面深化改革的背景下，立足于利益结构的组成要素和利益关系在公共

决策中的运行机理，结合当前中国社会利益格局发生变化的实际情况，分析公共决策利益冲突的表现、成因、性质，探讨公共决策利益整合的目标、标准和具体途径。这种研究思路的安排是为了更好地凸显利益在全面深化改革背景下公共决策的特殊地位，找准公共决策与全面深化改革的合理契合点，强调政府在推进国家治理体系与治理能力现代化中的重要地位，增强理论与实践结合的力度，以便从更深层次分析公共决策面临的利益冲突，科学发挥政府的利益整合功能，进而深化机构和行政体制改革，推进国家治理体系和治理能力现代化。同时，通过实证分析，增强理论的说服力，强化其实践价值。研究的具体技术路线如图 1 所示：

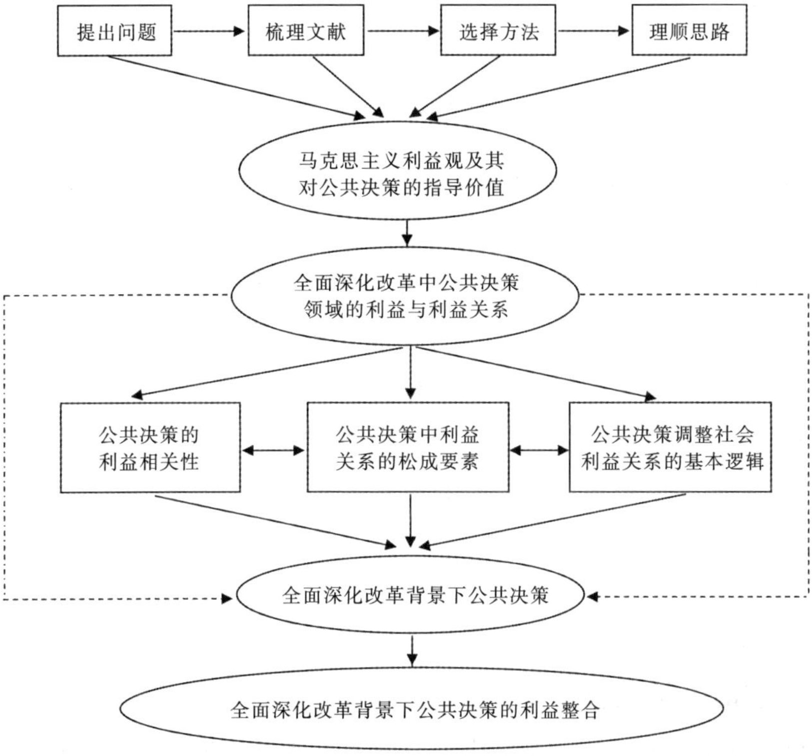

图 1　研究技术路线图

(二) 研究方法

1. 理论与实践相结合的方法

根据实践需要来确定研究重点，根据实践发展选择研究热点，运用实践材料说明理论观点，运用理论观点解剖现实问题。利益分析是马克思主义研究社会问题的基本方法。利益在全面深化改革和公共决策中具有特殊的地位，运用马克思主义利益分析的相关理论剖析全面深化改革背景下公共决策过程，既是全面深化改革的现实需要，又是马克思主义中国化的内在要求，有利于从理论和实践两个方面推动机构和行政体制改革的不断深化。

2. 纵向比较与横向比较相结合的方法

利益格局要调整，体制机制要创新，各方诉求需平衡，发展方式待转型……十八届三中全会闭幕后，在新的历史节点上，中国改革的“攻坚战”其实才刚刚开启。① 全面深化改革既有国内纵向对比，也有中外横向对比，特别是中外社会变革有关经验教训的对比。这里，纵横对比遵循这样一种思路：中国公共决策的利益冲突是由社会利益关系的变化和利益结构的调整引起的，而对利益的整合需要借鉴国外的经验教训，结合中国国情，科学确立整合的目标和标准，选择恰当的途径。

3. 利益分析、规范分析与实证分析相结合的方法

公共决策利益整合的理论基础、实践范畴、实现途径，本身就具有规范分析的性质。利益冲突、利益整合又与绝大多数社会成员密切相关，具有很强的现实性，对其进行分析必须是实证的。也就是说，为论证全

---

① 阚枫、马学玲. 十八届三中全会今闭幕 中国改革将迈入新时代［EB/OL］. http：//www.chinanews. com/gn/2013/11－12/5489300. shtml.

面深化改革背景下公共决策利益冲突的客观性、利益整合的可行性、制度安排的有效性，需要结合中国的实际情况，需要借鉴外国的经验教训，这样得出的结论、设计的制度才经得起检验，才具有可行性。这里，利益分析是连接二者的桥梁，通过分析公共决策背后的利益取向、利益矛盾和利益冲突，才能确定利益整合的目标、标准和路径。

五、研究框架与创新点

（一）研究的主要内容

本书分为七部分：

绪论：在分析选题背景、选题意义、述评国内外公共决策利益分析相关成果的基础上，提出本文的研究思路、方法、内容和创新点。

第一章：马克思主义利益观及其对公共决策的指导价值。利益是马克思主义唯物史观的重要范畴。马克思主义利益观是深入理解人类发展史的有效理论工具。以马克思主义利益观为指导，坚持把实现好、维护好、发展好最广大人民根本利益作为公共决策的出发点和落脚点，是全面深化改革中公共决策的重大课题。

第二章：公共决策的利益相关性。利益是人的行为的根本动因。在社会生活中，个人追求自身利益的主观要求和利益实现途径的社会属性之间的矛盾导致利益关系的产生，使人类社会的管理活动成为必要。公共决策正是人类社会管理活动的重要形式，其本质是公共权力主体对公共利益的权威性配置，是一个利益博弈的过程，在这一过程中，利益取向是公共决策的深层行为依据，利益冲突是公共决策不断推进的动力，利益整合是实现公共利益的基本途径。

第三章：全面深化改革背景下公共决策的利益冲突。全面深化改革意味着利益的调整和再分配，全面深化改革期也是社会利益格局重构的时期。在全面深化改革过程中，利益冲突往往是公共决策面临的现实难题，这种冲突主要表现在利益格局加速调整、利益主体持续分化、公共需求不断增长、利益诉求趋于多样等方面，是政府职能转变、社会主义市场经济发展、人民群众利益观念转变、社会利益格局调整等综合作用的结果，具有典型性、非对抗性、可调控性等内在属性。

第四章：全面深化改革背景下公共决策的利益整合。利益整合是公共决策有效实现公共利益、重构社会利益格局的基本途径。全面深化改革背景下公共决策的利益整合，需要以进一步提升公共权威、进一步优化社会利益格局、进一步完善人民内部矛盾协调机制为目标取向，坚持以人民为中心，坚守公共理性，追求善治，通过加快推进政府职能转变、合理定位政府角色、有效增进公共利益、着力创新行政文化、全面改善制度环境、不断优化利益协调机制、切实完善利益监控机制等途径来实现。

第五章：实证分析：中国高考政策变革的利益冲突与整合。通过回顾恢复高考以来高考政策变革的历程，分析利益取向在高考政策变革中的作用，结合中国高考政策变革中个人利益与公共利益、当前利益与长远利益、局部利益与全局利益冲突的具体情况，从理念、技术层面等方面提出利益整合的具体途径。

结语：以习近平新时代中国特色社会主义思想引领美好行政生活。习近平新时代中国特色社会主义思想是当代中国马克思主义、21 世纪马克思主义，是凝聚行政生活的价值共识、夯实公共决策制度根基、描绘行政发展蓝图的行动指南。

（二）创新点

（1）立足中国国情，运用治理理论、利益相关者理论、公共选择理论以及行政学、社会学、政治学、管理学等学科研究的新成果，比较系统地分析全面深化改革进程中中国公共决策利益冲突与利益整合的基本问题，体现多学科的交叉研究，拓展中国公共决策研究的理论视野和实践内涵。

（2）凸显利益在全面深化改革和公共决策中的特殊地位，从利益冲突与利益整合的角度分析政府职能转变，强化公共决策的利益整合功能，为提高公共决策科学化、民主化、法治化水平提供智力支持。

（3）从利益的视角分析公共决策过程，将利益分析与其他研究方法结合起来，丰富中国公共决策研究的方法论体系；特别是将利益分析与价值分析加以区分，为抽象的“价值”找到“利益”这一现实载体，深化公共决策价值研究的内涵。

第一章　马克思主义利益观及其对公共决策的指导意义

利益是马克思主义唯物史观的重要范畴。中国共产党成立100年来的历史证明，始终坚持马克思主义利益观的核心理念和基本原则，根据形势的发展和实践的要求，发挥马克思主义利益观的指导作用，不断探索出实现和保障人民根本利益的具体路线、方针和政策，在坚持中发展马克思主义利益观，是我们党领导人民推进伟大事业的宝贵经验。公共决策是运用公共权力对公共利益和公共资源进行确认和配置的过程。面对全面深化改革带来的新机遇与新挑战，掌握马克思主义的思想武器，以马克思主义利益观为指导，坚持把实现好、维护好、发展好最广大人民根本利益作为公共决策的出发点和落脚点，不断扩大公共产品和公共服务的有效供给，是新时代公共决策的重大课题。

第一节　马克思主义利益观的基本观点

马克思主义认为，利益是人们为满足自身生存和生活需要，在人与自然之间、人与其他社会成员之间建立的一种内在联系。马克思主义利益观深刻揭示了物质利益在人类社会历史发展中不可替代的重要作用，精辟阐述了个体利益、群体利益、政党利益、阶级利益、国家利益、人类利益的内涵及影响，分析了各种利益之间的关系，是深入理解人类发展史的有效理论工具。

一、利益是人与人之间的社会关系范畴

马克思主义认为，利益首先是一个关系范畴，它反映的是人与人之间的社会关系，这种社会关系主要体现为人与人之间对需求对象的分配关系。马克思和恩格斯都强调“思想不能脱离利益”，他们认为，利益不是仅仅作为一种普遍的东西存在于观念之中，而是作为彼此分工的个人之间的相互依存关系存在于现实之中。[①] 就是说，利益是一种特殊的关系，即彼此分工的个人之间的相互依存关系，这种关系体现在人对需求对象的分配上就是利益关系，就是利益。

二、追求利益的满足是人类社会发展的深层动力

人们奋斗所争取的一切，都同他们的利益有关。[②] 人类社会的活动具有目的性，而最原始的目的就是活着，首先要解决吃、喝、住、穿的问题，即物质利益，因此利益既是人们奋斗的目标，又是人的一切活动的根本原因。黑格尔认为，私人的利益、特殊的目的，或者简直可以说是利己的企图推动了人类的活动。对利益的追求推动人们进行各种活动，进而推动人本身的发展；对利益的诉求推动了生产力发展，而生产力发展是社会发展的决定性力量。人类社会发展的历史表明，如果社会利益格局严重失衡，分配方式严重不公平，社会贫富差距过于悬殊，社会利益关系严重扭曲，社会阶层之间就会非常紧张，当利益矛盾不可调和时，就会引发动乱，社会平衡就会被破坏，社会发展的正常进程就可能中断，

---

① 中共中央马恩列斯著作编译局．德意志意识形态（节选本）［M］．人民出版社，2003：37．

② 马克思恩格斯全集（第1卷）［M］．北京：人民出版社，1956：82．

是退是进，很大程度上取决于公共权力主体协调社会利益关系的能力。

三、分工和私有制导致个体、群体或阶级的利益矛盾产生

生产是在分工和协作的基础上进行的，分工是生产力发展的必然要求，也是私有制产生必不可少的条件。正是由于分工、私有制和生产力的发展三者相互作用，促使利益分化和利益矛盾产生。一方面，一般商品交换过程中，交换双方都想从中获利，都有自己的利益诉求与主张，导致个别利益之间、个别利益和共同利益之间产生矛盾；另一方面，随着分工的发展产生了个人利益，而个人利益在私有制条件下又向共同利益转化，实际转化成了阶级利益。马克思和恩格斯指出：“个人利益总是违反个人意志而发展为阶级利益，发展为共同利益，后者脱离单独的个人而获得独立性，并在独立化过程中取得普遍利益的形式，作为普遍利益又与真正的个人发生矛盾。”① 因此，分工和私有制导致个体、群体和阶级的利益矛盾产生。

四、资本主义社会中个体利益与共同利益矛盾尖锐

资本主义社会的根本矛盾是社会化大生产与生产资料私有制之间的矛盾，其基本矛盾是生产社会化同生产资料资本主义私有制。已经社会化的、由劳动者共同使用的生产资料，本应是劳动者共同所有，却被资本家私人占有。具有明确分工、共同协作的社会化生产过程，本应按照社会需要进行管理和控制，却由追求最大利润的资本家进行管理。共同劳动生产的社会化产品，本应是劳动者共同拥有而满足个人和社会需要，却被资本家私人占有和支配。这样，导致无产阶级与资产阶级矛盾尖锐，无产阶级和资产阶级在追求利益的同时，个体利益与共同利益无法共同实现，且矛盾尖锐。

---

① 马克思恩格斯全集（第 3 卷）［M］. 北京：人民出版社，1960：273.

五、无产阶级及其政党是大众利益的代表者

在阶级社会中，一个个体既受社会关系制约，也从属于一定的阶级，当个体利益与统治阶级利益一致时，他能在阶级社会中免受压迫和剥削，反之则不然，在资本主义社会，无产阶级经受着资本主义生产方式的剥削。阶级的存在仅仅同生产发展的一定历史阶段相联系，会随着生产关系的变革以及无产阶级革命的兴起而消失，这一历史任务的承担者就是无产阶级及其政党。《共产党宣言》中提到，无产阶级及其政党的任务是通过消除阶级对立和阶级差别，从而消除利益矛盾，进入无阶级社会。马克思、恩格斯指出：过去的一切运动都是少数人的或少数人谋利益的运动。无产阶级的运动是绝大多数人的、为绝大多数人谋利益的独立运动。[①] 无产阶级不仅与先进的生产方式相联系，而且他们的根本利益与广大人民群众的根本利益一致，即消除利益占有及分配不合理的根源——资本主义私有制，实现整个社会和人类的解放、促进人的全面自由发展。

六、共产主义社会将实现共同利益与个人利益的高度统一

共产主义是在生产力高度发达的基础上，通过消灭私有制，使整个社会一劳永逸地摆脱任何剥削、压迫以及阶级划分和阶级斗争，实现无产阶级和全人类的彻底解放，达到个人利益和共同利益高度统一的社会。一是生产力高度发达。利益是由生产创造出来的，利益的内容和结构依赖于生产力的进步，只有生产力高度发展，才有人们之间的普遍交往以及无产阶级的普遍联合。二是分工和私有制的消灭。分工的消灭不仅消除了利益分化的根源之一，还解放了人自身和他的生产的不自由状态。私有制的消灭，使生产资料不再具有独占意义，不存在人对人的人身依

① 马克思恩格斯选集（第1卷）［M］. 北京：人民出版社，1995：283.

附关系和对他人劳动力的支配权力，每个人是自由的个体，整个社会生产过程成为自由人联合体的共同产物。

第二节　马克思主义利益观对公共决策的指导意义

马克思主义认为，每一社会经济关系首先是作为利益表现出来的。在任何一个国家里，实现利益关系的动态平衡，保持社会利益格局整体稳定，都是公共权力主体必须高度关注的重要问题。从本质上看，利益是一种关系范畴，利益格局整体稳定是社会稳定的重要基础。利益关系由主客体关系构成，在国家范畴内产生的利益主客体关系可以展开为两方面：一是人与社会（他人）的关系，二是人与自然的关系。[①] 在人类社会中，不同利益主体之间以及同一主体的不同利益方面之间不仅存在着矛盾的一面，还存在着相互协调的一面，这种认识为公共权力主体发挥利益协调功能提供了重要理论基础。中国特色社会主义进入新时代，我国社会的主要矛盾了发生重大变化，以政府为代表的公共权力主体在提供公共产品和公共服务的过程中，也面临新的利益关系和新的利益冲突。马克思主义利益观深刻揭示了物质利益在人类社会发展中的重要作用，深入分析了各个利益主体和各种利益之间的内在关系，能够指导公共权力主体更好地协调各个主体的利益关系。面对新时代我国社会主要矛盾变化带来的新挑战，马克思主义利益观为公共决策应对新挑战拓展了新视野。

一 、引导社会利益诉求

社会成员的利益诉求必须与社会历史形态相适应。在不同社会历史

① 孟鑫. 马克思主义利益观在新时代的指导意义［J］. 人民论坛，2018（27）：99－101.

形态中，个体、群体或阶级的利益诉求形式和利益主张内容存在较大差别，这是由不同的生产力发展水平和社会发展程度决定的。中国特色社会主义进入新时代，社会主要矛盾也发生了转变，但是，我国仍处于社会主义初级阶段，社会成员的利益诉求必须与初级阶段的生产力发展水平相适应。如果社会成员的利益诉求超越了当前社会生产力发展水平，必然会出现不必要的利益矛盾。这就要求公共权力主体发挥思想意识引导功能，使其社会成员了解当前社会发展的实际状况，认识到只有全体成员共同努力，在生产力获得巨大发展、社会财富充分涌流之后，才会更好地满足人们各种层次的需要。人们有追求更高层次需求的自由和权利，也有为社会发展作出更大贡献的责任和义务。

二、保持社会利益格局整体稳定

改革开放以来，我国社会结构由相对简单进入了相对复杂的状态。由于所有制结构的变化促使各种经济成分不断发展，新的社会主体相应出现并逐步发展，形成新的社会阶层，其利益诉求呈现多元化趋势，各阶层之间的利益矛盾有加剧的趋势。国家应发挥利益协调功能，防止这一趋势强化。阶层利益矛盾加剧，容易引发社会各阶层之间的疏远和对立，导致社会关系紧张，也会削弱社会的整体性，影响改革进程，甚至引发冲突。进入新时代的中国社会，在社会利益结构多元化进程中，利益主体多元化不可避免。随着政策调整和利益结构日趋复杂，改革进程中出现了一大批有参与愿望和参与能力的个体和集团。我们要深刻认识到，这些利益主体的利益权利和利益意识不断提升，其政策参与愿望不断增强。这种现实客观上要求公共权力主体吸纳更多的社会力量参与政策制定，以提高政策的合法性和可执行性。公共权力主体应深入研究当前社会阶层结构的基本情况，了解现状，把握变化趋势，充分发挥自身利益整合功能，制定相应的方针政策，协调好社会各方面、各层次、各维度的利益诉求和利益关系，防止阶层之间利益矛盾加剧，保持社会利益格局整体稳定，进而推进国家治理体系与治理能力现代化。

三、坚持以人民为中心

唯物史观认为，人民群众是历史的创造者，是推动社会发展的决定力量。“一切依靠群众”是我们党一切工作的根本手段和力量源泉，也是马克思主义唯物史观的具体体现。在新时代的中国，面对不同阶层、不同群体的利益诉求，面对复杂的社会利益结构，党和政府必须坚定地站在最广大人民利益的立场上，忠实地代表最广大人民的根本利益，这是百年来中国共产党能够得到人民信赖、拥护和支持的最重要原因，也是未来中国社会发展的根本推动力。我国作为社会主义国家，政府是由党领导的人民政府。党的全心全意为人民服务的根本宗旨决定了政府所做的一切，必须也只能是为人民谋利益，为人民服务。公共决策要牢固树立全心全意为人民服务的宗旨意识，以人民群众的利益、愿望和要求为指引，努力为人民群众提供方便、快捷、优质、高效的公共产品和公共服务。要切实保障人民群众的知情权、参与权和表达权，增强人民群众对政府的信任和信心，实现政府与民心、民意、民情的联动。要自觉接受人民群众的监督和问责，以人民群众的满意度作为评价决策效果的第一标准，依照法律权限和程序行使人民赋予的权力，避免滥用权力，真正做到权为民所用。

四、完善信息沟通机制

公共决策中利益冲突的产生，主要是由于群众的利益诉求没有得到及时、有效的回应，社会利益矛盾没有得到真正的协调，进而导致社会秩序的不稳定，这要求新时代的公共决策必须在公开透明的环境下开展，不搞闭门修炼。公共决策要相信群众、依靠群众、联系群众，平等对待人民群众所有的利益诉求，完善信息反馈机制，将群众反映的意见及时、全面地进行分析调查，并通过反馈平台把处理情况反馈给群众，做到事事有着落、件件有回音，有效解决群众实际问题，维护好群众权益。随着社会阶层的不断分化，利益格局日益复杂，公共权力主体要引导群众形成自己所在群体的主体意识，以理性合法的形式手段表达和维护自身利益需求。

第二章　公共决策的利益相关性

利益是马克思主义唯物史观的重要范畴。“人们奋斗所争取的一切，都同他们的利益有关。”① 利益问题是人类社会永恒的主题，是公共决策的核心问题。公共决策不仅是一个多元利益主体参与的过程，更是一个差别化利益需求变化和博弈的过程。理想的公共决策并不是没有利益矛盾和冲突的决策，而是能够包容利益矛盾，能够有效协调利益关系，并由此优化社会利益格局的决策。因此，从利益的角度分析公共决策，具有重大的理论和实践意义。

第一节　利益、利益关系与公共决策

一 、利益的内涵

（一）利益的形成过程

利益的形成是一个从人的需要到人的劳动再到社会关系的发展过程。

① 马克思恩格斯全集（第3卷）[M]. 北京：人民出版社，1979：82.

利益起源于人的需要。需要是人对于自身生存、发展和享受所依赖的对象的欲求，形式上是人们对于外部环境的生理的和心理的求取趋向，而内容上是人们对于外部环境的能动反映。① 需要的满足是人类生存和发展的必要条件。需要的满足在本质上是人们通过一定的途径获取所欲求的对象，这“一定的途径”就是从事生产活动和结成社会关系，生产活动是联系人类需要与欲求对象之间的中介。人类的“第一个历史活动就是生产满足这些需要的资料，即生产物质生活本身”②，在现实生活中，人不仅有物质的需要，而且有精神的需要，这就使得人们不仅要从事物质生产，同时也要从事精神生产。

由于自身能力和生产工具的限制，人不可能单独从事生产劳动，而必须结成一定的群体进行共同生产，通过群体的力量弥补自身的不足。“为了进行生产，人们便发生一定的联系和关系；只有在这些社会联系和社会关系范围内，才会有他们对自然的关系，才会有生产。”③ 起初，这种关系主要是人们之间的血缘关系以及以此为基础的经济关系。随着生产的发展，人的需要不断深化，人类社会形成了家庭、氏族、部落、阶级、民族、国家等社会组织，人与人之间也发展成复杂的社会关系。

社会关系既规范着人们的生产和生活，又支配着生产成果在社会成员之间的分配，因而在本质上制约着人的需要的满足，这就使得人与其需求对象之间的关系转化为人与人之间的关系，需要由此以个人生理和心理的形式获得了社会内容和社会特性。这种获得了社会内容和社会特性的人们的需要，就是利益。④ 正如马克思所说：“利益本身已经是社会所决定的利益，而且只有在社会所创造的条件下并使用社会所提供的手段，才能达到。”⑤

---

① 王浦劬. 政治学基础 [M]. 北京：北京大学出版社，1995：51.
② 马克思恩格斯选集（第2卷）[M]. 北京：人民出版社，1995：94.
③ 马克思恩格斯全集（第25卷）[M]. 北京：人民出版社，1979：92.
④ 王浦劬. 政治学基础 [M]. 北京：北京大学出版社，1995：53.
⑤ 马克思恩格斯全集（第46卷）[M]. 北京：人民出版社，1979：102－103.

（二）利益的本质

从利益的形成过程可以看出，利益是与生产力发展水平相适应的社会成员生存、发展和享受所需要的客观条件。利益与人的需要密切相关，是人们企图借助于生产来满足的需要，反映了社会发展到一定阶段上的生产力水平和生产关系状况。利益是利益主体在一定约束条件下追求自身效用（需要）最大化，主体以此为驱动力从事社会实践活动，不断改变客观世界以创造物质财富和精神财富，是使人的需求和需求对象之间的矛盾得以不断克服（即需要的满足）的客观条件。

1. 人的需要是利益形成的自然基础

按照马斯洛的需要层次理论，人的需要分为逐层递进的七个层次，下一层次的需要是上一层次的需要的基础。人的需要得到满足的过程，就是新的需要产生而旧的需要被排斥的过程，是利益矛盾基本内容发生变化的过程。正是需要，特别是物质生活资料的需要在人类生存和发展中的基础地位，以及人们受到生产力水平和生产关系状况的约束，人们才自觉认识到自身利益所在，并使人们对自身利益的追求成为其从事一切社会活动的基本动机，成为社会发展的内在动力。正是从这个意义上，有学者认为，利益是“处在生产力和人类需要一定发展阶段上人们生存和社会生活的客观条件。需要是利益的自然基础，而社会资源则是利益的载体和具体内容”。①

2. 社会关系是人们实现自身利益的社会基础

“利益不仅仅作为一种个人的东西或众人的普遍的东西存在于观念

---

① 郑杭生. 转型中的中国社会和中国社会的转型［M］. 北京：首都师范大学出版社，1996：111.

之中，而且首先是作为彼此分工的个人之间相互依存关系存在于现实之中。”[①] 利益反映着与一定生产力水平相联系的生产关系状况，是特定社会关系约束下利益主体、主体活动和外界对象之间相互作用的产物。人的需要具有社会性，利益的形成和实现与一定的社会关系密切相关，受到特定社会关系的制约：人与人之间的利益矛盾只有借助于一定的生产关系作为中介才能真正形成并通过社会实践活动不断得到解决；同时，任何利益关系和利益冲突只有借助于一定的社会关系特别是生产关系才能得到真正的说明和本质性的把握，换言之，不同的社会关系从而不同的社会制度在同样的约束条件下（生产力水平、人口状况）往往会形成不同的利益结构和利益分享机制，改变社会关系即社会制度（包括基本制度和具体制度安排）也就会改变社会利益结构的态势和社会利益的实现方式。

3. 人的社会实践活动是利益关系形成的直接途径

“利益是需要主体以一定的社会关系为中介，以社会实践为手段，使需要主体与需要对象之间矛盾状态得到克服，即需要的满足。”[②] 利益主体、外界对象和主体活动是利益的三大要素。离开了主体的社会实践活动及其成果，利益主体的需要与需要对象之间的矛盾就无法克服。只有人们之间结成一定的社会生产关系，不断进行社会实践即社会物质财富和精神财富的创造活动，人们的利益冲突才能得以不断克服。因此，利益的满足或者利益冲突的不断缓解，就是以利益主体需要为起点和基本动力、以主体的实践活动及其成果为手段和客观基础、以主体需求随实践成果而不断得到满足为目的和归属的社会发展过程。

① 马克思恩格斯全集（第3卷）［M］. 北京：人民出版社，1979：27.
② 王伟光、郭宝平. 社会利益论［M］. 北京：人民出版社，1998：68.

（三）利益的内在矛盾

利益是一种受到主体与客体、自然与社会、生产力与生产关系等多方面因素影响和制约的社会现象，影响和制约利益的多方面因素的相互作用，形成了利益的多种矛盾规定性。

1. 利益实现要求的自我性与实现途径的社会性之间的矛盾

自我实现是一切利益的内在属性，这种属性源于人的需要的自我满足。人的需要一经产生，就以自我满足为目标指向，“任何人如果不同时利用自己的某种需要和为了这种需要的器官做事，他就什么也不能做。”① 在社会生活中，通过生产活动和社会关系，人的需要转变为利益，需要的自我满足也就内化为利益的自我实现。这表明，利益实现途径具有社会性，利益必须通过特定的社会活动和社会关系才能实现。

利益实现要求的自我性与实现途径的社会性之间的矛盾，构成了利益内含的基本矛盾，对于利益、利益关系和社会生活具有极为重要的意义。对于利益本身来说，它决定着利益内含的其他矛盾的产生和发展；对于利益关系来说，它促使不同社会成员结成特定的利益关系，为社会利益结构的形成提供了内在动力；对于社会生活来说，从个人利益中让渡出来的共同利益，是人类社会生活的基础，而人们在获取利益过程中形成的利益矛盾和利益冲突，则直接推动了政治权力和政治关系的形成，为人类从事政治活动和社会管理活动提供了现实基础。

2. 利益形式的主观性与内容的客观性之间的矛盾

利益是人的需要的直接表现，其内容反映了特定社会的生产力水平和生产关系状况，是不以人的意志为转移的，因而是客观的。但利益

① 马克思恩格斯选集（第1卷）［M］. 北京：人民出版社，1995：35.

对生产力水平和生产关系状况的反映又是通过人的主观意识表现出来的，往往表现为人的兴趣、爱好、愿望、追求以及享受，具有一定的主观性。

利益形式的主观性和内容的客观性之间的矛盾，使得利益必须具有独立的人格承担者，即利益主体；同时，利益必须反映客观的生产力水平和生产关系状况，体现着特定社会关系。在社会生活中，这一矛盾往往激发社会成员从事积极的谋利活动，以实现利益内容和利益形式的统一。当然，作为个体的社会成员对自身利益的追求，可能损害其他社会成员的利益，甚至使社会陷入利益纷争状态。为了不使人们在这种利益纷争中受到更大损失，人们就会结成特定的社会群体，通过制定社会生活规则来规范社会成员的获利行为，人类社会的管理活动正是规范社会成员谋利活动的具体途径。

3. 利益的目的性与手段性之间的矛盾

利益是满足人的需要的具体条件，在社会生活中，人们围绕自身的生存、发展和享受而进行的一切社会活动，都是为了实现和满足自身需要。利益对于人们的社会生活来说，具有明显的目的性；而对于人们形成社会关系、参与社会生活、提高自身能力和素质、推动社会发展来说，又具有手段性意义。在现实生活中，利益往往是社会管理的激励因素，利益分配是引导社会成员的行为向社会管理者所期望的方向进行的重要手段；同时，人们在获取自身利益的过程中，也要随着实践的发展而不断改造自己的主观世界，不断提高自身能力，从而更好地实现和维护自身利益。

利益的目的性和手段性之间的矛盾，使得利益既是社会生活的基础，又是控制社会生活的手段，是社会关系得以形成、维持和发展的深层因素，是人类完善自身、推动社会进步的内在动力。

二、利益关系的形成机理

利益是人们需要的社会转化形式，反映了人与人之间的关系，利益关系实际上就是特定利益主体之间的关系。从内容上看，利益是处于一定社会关系中的人对于客观世界的反映；从形式上看，利益是作为人的主观意识而存在的，因而归属于特定主体的利益是利益的社会存在形式，抽象的利益只有具体化为不同利益主体的具体利益才具有现实意义。因此，利益关系实际上是不同利益主体的利益之间的社会联系。①

不同利益主体之间之所以会发生利益关系，从根本上说，是源于利益自身内含的基本矛盾即利益的自我性和社会性之间的矛盾。任何利益都是特定主体的利益，自我实现是一切利益的天然本性和基本规定，在社会生活中，人的需要转化为利益，人的需要的自我满足也就转变为利益的自我实现。利益的社会性是使得不同利益主体的不同利益要求能够共存于一个利益关系之中，并产生一种不同于原有利益的新的利益内容，即共同利益。利益关系一经形成，就必须通过特定的社会关系和社会途径来实现，这就是利益实现途径的社会性。

利益实现要求的自我性和实现途径的社会性之间的矛盾，促使不同社会成员结成相互作用的社会群体，使社会利益关系的形成成为必要，使社会利益结构的发展成为可能。从个体利益来看，利益内容的双重性使得作为利益主体的个人为实现自身利益而积极地在社会中寻求实际途径，当社会上每个成员都具有这种取向和采取这种行动时，不同利益主体之间就具有了互动性，就形成了利益关系。从群体利益来看，社会群体一经形成，就成为相对独立的利益主体，群体的利益（共同利益）同样具有两重性。利益的自我实现要求促使该群体与社会其他主体发生利益关系，以创造使本群体利益最大化的社会条件。当每个利益群体都具

① 王浦劬．政治学基础［M］．北京：北京大学出版社，1995：59.

有这种倾向时，群体间的利益关系也就形成了。

三、公共决策中的利益与利益关系

（一）决策、公共决策的含义

决策是指人们为了实现特定的目标，根据客观的可能性，在占有一定信息和经验的基础上，借助一定的工具、技巧和方法，对影响目标实现的诸因素进行分析、计算和判断选优后，对未来行动作出决定。斯蒂芬·罗宾斯提出，决策就是决策者“在两个或多个方案中进行选择”。[①] Hastie 表示，决策是人根据自己的意愿选择行动的过程。[②] 戴维·米勒认为，决策是理性主体对外界挑战的果断反应。[③] 可见，决策是指人们为解决面临的问题或完成特定任务而制定和选择行动方案的活动。决策是一个复杂的思维操作过程，是信息搜集、加工，最后作出判断、得出结论的过程。

公共决策是公共领域的决策活动，是公共权力主体为履行公共管理职能，实现公共管理目标，通过提供公共物品和准公共物品来解决公共问题而制定和选择行动方案的活动。公共决策是公共管理活动的基础环节，其有效与否直接决定了公共管理活动的成效。公共决策的主体一般包括政府、准公共决策主体（即非政府公共组织，包括非政府组织和非营利组织）和社会公众（如社会精英、专家、智囊团、一般民众及其组成的团体）；公共决策的内容很广泛，包括国家事务和社会公共事务；公共决策是指动态的公共政策[④]，其过程包括发现公共问题、建立政策

---

① ［美］斯蒂芬·罗宾斯．组织行为学［M］．孙建敏译，北京：中国人民大学出版社，1997：8.

② R. Hastie, Problems for Judgment and Decision Making［J］. Annual Review of Psychology. Vol. 51, No. 1 (2001): 653－683.

③ ［英］戴维·米勒、韦农·波格丹诺．布莱克维尔政治学百科全书［M］．邓正来译，北京：中国政法大学出版社，2002：12.

④ 应松年、马庆珏．公共行政学［M］．北京：中国方正出版社，2004：145.

议程、政策规划和制定、政策方案选择等具体环节；公共决策必须以法律法规为依据，具有特殊的权威性与强制性。

政府实际上掌握了社会大部分公共资源，是公共权力最重要的载体，对社会其他公共权力主体发挥着示范、指导、规约等重要作用。由于政府在公共决策中具有特殊作用，特别是在现代社会，责任、服务、善治等理念深入人心，日益内化为政府的行为导向，政府的社会职能也日益强化，政府在公共事务管理中的作用越来越大，对公共管理领域的带动作用越来越强。因此，我们一般把公共决策视为政府决策。在本书中，如果没有特别标明，公共决策就是指政府决策。

（二）公共决策的本质

公共决策的实质是政府对公共利益的权威性配置，这种配置是由利益表达、利益综合、利益分配、利益落实、利益增进等形成的运作流程，体现在发现公共问题、建立政策议程、政策方案规划和制定、政策方案选择等具体环节上，包括相互联系的两个方面：一是分配公共利益，二是增进公共利益。公共决策对公共利益的配置，目的是通过特定的利益配置机制，满足民众需要，调动民众积极性，从而创造更多社会财富，从更高层次上增进民众福祉，促进社会发展。按照经济学的观点，就是既要考虑蛋糕如何分配的问题，更要考虑如何把蛋糕做大的问题。公共决策之所以成为政府实现公共管理职能的基本途径，都因为其具有激励、妥协、控制等功能，能够对各种利益关系进行引导、协调，能够实现社会利益格局的动态平衡。总之，公共决策的结果必须是实现社会利益结构的整体平衡。

公共决策是一个利益博弈的过程。公共决策的不同参与者具有不同的利益，必然要表现出不同的利益诉求。为有效维护自身利益，不同利益主体往往会通过一定的途径参与公共决策过程，表达自身愿望和要求，使公共决策朝有利于（至少是不损于）自身利益的方向进行。任何社会资源都是有限的，一旦有限的社会资源通过公共决策被以公共物品和准公共物品的形式进行分配时，不同利益主体都会力图扩大自身及所在群体对社会资源份额的占有比例，利益主体之间的利益博弈也就由此产生了。根据罗尔斯的观点，社会是为获取共同利益而组成的协同体，社会成员在通过建立社会及其相互协作以增加利益这一点上，有着相互一致的利害关系。至于社会利益如何向每一个社会成员分配，却构成了社会成员之间利害关系上的相互对立态势。政府在对所掌握的社会资源进行分配时，既要考虑公共利益在全社会的公正合理配置，又要考虑不同利益主体的具体利益要求，还要考虑政府自身利益，这一过程实际上是一个利益博弈的过程，通常表现为政府对社会利益关系的调整和对利益矛盾的化解。

公共利益是公共决策的根本价值取向。对何种利益要求进行考虑，采取什么样的方式满足这种利益要求，是所有公共决策共有的目标模式。公共决策是致力于实现社会公共利益，还是仅仅为少数人、少数群体的特殊利益服务，以及公共决策实现公共利益的程度，是判断和评价公共政策正当性、有效性、可行性的基本标准是。理想的公共决策过程，是一个输入（不同利益主体表达利益诉求）与输出（公共权力主体对不同利益诉求进行甄别、分析并根据实际情况形成政策方案）保持动态平衡的过程。在公共决策中，社会利益经常是以群体利益或集团利益的形式出现，公共决策往往只是与社会一定的群体，而不是与所有群体的利益直接相关。公共决策是否体现和代表公共利益，必须以其是否符合社会一般的、普遍认可的利益标准为判断准绳。

公共决策对公共利益的权威性配置是通过对社会利益关系的调整实现的。公共决策是公共权力主体为确保社会朝着政治系统承诺的方向发展，利用公共资源制定公共政策，以解决社会公共问题、协调社会利益关系、促进社会发展为目的的公共管理过程，是对不同利益诉求进行界定、确认、协调和平衡的过程。利益关系贯穿于公共决策的全过程，并且在其中扮演着举足重轻的角色。公共决策的客观结果是使社会利益关系得到调整，社会利益诉求得到合理、均衡的满足，社会利益冲突得以控制在可以控制的范围内。政府为了实现公共管理目标，必须调整社会利益关系和利益格局，引导社会成员的思想，规范社会成员的行为，以便凝聚智慧和勇气，实现经济社会的发展。具体说来，公共决策对社会利益关系的调整，必须在习近平新时代中国特色社会主义思想指导下，构建公平合理的利益分配机制，保持社会利益格局的动态均衡。

第二节　公共决策中利益关系的构成要素

依据不同的标准，利益可以分为不同的种类。社会利益结构就是由不同种类的利益及其相互作用形成的有机整体。公共决策的利益博弈是主体对不同利益的取舍，公共决策对社会利益关系的调整主要表现为政府对利益主体不同利益要求的满足程度。具体说来，公共决策中利益结构主要包括以下几对基本范畴：

一、个人利益、公共利益与国家利益

个人是利益主体的基本单元，个人利益（私人利益）是利益结构的基本要素。个人利益是个人在一定社会关系中一切需求的总和，通常表现为单个人为社会提供一定数量和质量的劳动而获取的资源，或者表现为一个人因其他关系应获得的资源，包括物质资源、精神资源、政治资源等。个人利益不是鼓励个人意志的恣意，而是受社会条件所制约的利益。① 共同利益是私人利益的特殊表现形式，是处于同一社会关系和社会地位的社会成员利益的相同部分。共同利益的基础是私人利益，“‘共

① 张江河. 论利益与政治［M］. 北京：北京大学出版社，2002：108.

同利益’在历史上任何时候都是由作为‘私人’的个人造成的。”① 但共同利益一旦形成，就成为利益关系中相对独立的部分，如集体利益、集团利益、阶层利益等。

公共利益是社会中的绝大多数人的共同利益，通常体现于政府所提供的公共产品和公共服务之中。公共利益是基于这样一种理念，即公共决策应该最终提高大家的福利而不只是几个人的福利。② 公共利益源于社会成员在社会生活中的共同需要，以及人们对共同需要的认同。社会的存在就意味着共同利益的存在，任何社会，如果没有利益的内在一致性以及大多数社会成员对这种一致性的认同，就失去了其存在和延续的基础，单纯国家、政府外在的强力是不可能长期而有效地凝聚一个社会共同体的。正是从这个意义上，修昔底德在《伯罗奔尼撒战争史》中指出：“无论是在国家还是在个人之间，利益的一致是最可靠的纽带。”

国家利益是私人利益与公共利益相矛盾的必然结果。按照恩格斯的说法，社会分工形成了每个人特殊的自我利益，而私有制则使每个人的私人利益神圣不可侵犯。但是，在社会财富不足以满足所有社会成员的需求时，人们的私人利益之间就不可避免地会发生冲突。个人利益既与他人的利益相矛盾，也与社会的共同利益相矛盾。在私有制条件下，个人利益之间的冲突以及个人利益与公共利益的冲突，集中表现为阶级利益的冲突，这种冲突导致阶级斗争，社会各阶级为了不至于在无谓的斗争中把自己和社会毁灭，就需要一种凌驾于各阶级之上的公共权力机构，即国家，它所维护的在形式上表现为各阶级共享的普遍利益就是国家利益。对于国家利益的起源，马克思恩格斯作过这样的说明：“正是由于私人利益和公共利益之间的这种矛盾，公共利益才以国家的姿态而采取一种和实际利益（不论是单个的还是共同的）脱离的独立形式，也就是

---

① 马克思恩格斯全集（第3卷）［M］．北京：人民出版社，1979：275－276.

② ［美］E·R·克鲁斯克、B·M·杰克逊．公共政策词典［M］．唐理斌、王满传、邦斌祥、任小平译，上海：上海远东出版社，1992：30.

说采取一种虚幻的共同体形式。然而这始终是在每一个家庭或部落集团中现有的骨肉联系、语言联系、较大规模的分工联系以及其他利害关系的现实基础上，特别是在我们以后将要证明的各阶级利益的基础上发生的。”①

私人利益、公共利益和国家利益是根据利益主体的差别而对社会利益结构所做的横向划分。私人利益的主体是作为个体的人，公共利益的主体是所有社会成员，国家利益的主体是政府。私人利益、公共利益和国家利益相互联系、相互作用，其矛盾运动就使得社会利益形成一个有机的整体结构。公共决策的本质是对公共利益的权威性配置，公共决策的过程实质上就是社会利益关系的调整过程，是个人利益、国家利益和公共利益的博弈过程，个人利益、国家利益和公共利益之间的矛盾和冲突是推动公共决策不断发展的内在动力。

二、当前利益与长远利益

当前利益是指主体在近期内（以一定的时间为限）可以实现或者已经摆在主体面前的利益。当前利益具有现实的实用性，是对社会当前的发展有利的利益形态。因此，主体谋取利益的主要动因一般以当前利益为目标，以看得见、摸得着的现实利益为直接动力。

长远利益是主体在时间和空间上可以实现或者需要实现的利益。长远利益以可能性的价值与主体发生关系，是对社会未来发展有利的利益形态。主体对长远利益的追求与其对自身条件、外界环境和社会发展趋势的认识密切相关。由于长远利益常常具有潜在性、不确定性，主体往往无法及时认识其意义和价值，因而人们必须提高对长远利益的认识。

当前利益与长远利益构成社会利益的纵向结构。在公共决策中，二者是相对而言的。一般说来，当前利益与人的生存和社会的维系密切相

① 马克思恩格斯全集（第3卷）[M]. 北京：人民出版社，1979：37－38.

关，长远利益与人的发展和社会的进步密切相关，当前利益居于首要地位，没有当前利益的有效实现，政府就难以获得和维持其合法地位，也谈不上推动社会进步，正如毛泽东同志所言：“如果我们没有新东西给农民，不能帮助农民提高生产力，增加收入，共同富裕起来，那些穷的就不相信我们，他们会觉得跟共产党走没有意思，分了土地还是穷，他们为什么要跟你走呀?”① 当然，长远利益也不容忽视，在一定条件下，长远利益涉及面往往更为宽广，对经济社会发展往往会产生持久的影响，如果不注重长远利益，当前利益也会受到威胁，比如，中国公共政策对人口问题、环境问题、生态问题的特别重视，都是因为以往政策忽视长远利益造成了严重后果。在全面深化改革进程中，公共决策必须坚持以习近平新时代中国特色社会主义思想为指导，贯彻新发展理念，构建新发展格局，正确处理好当前利益与长远利益的关系，防止偏颇于任何一方而得不偿失。

三、局部利益与全局利益

局部利益是在一定区域范围内只同部分利益主体有关的利益形态，也包含着主体在某些方面或某种需求层次上的利益形态。比如，在国家范围内，省、市、县的利益都是局部利益。地方利益、行业利益、部门利益等都属于局部利益。

全局利益是在一定区域范围内同所有利益主体都有关的利益形态。全局利益往往对经济社会发展的全局产生决定性的影响，公共利益、国家利益、人类利益等都属于全局利益。

局部利益和全局利益是辩证统一的。局部利益是全局利益的基本组成部分，没有局部利益就没有全局利益，全局利益不能脱离局部利益而独立存在；全局利益又是局部利益的综合和反映，不仅代表着局部利益，

---

① 毛泽东选集（第5卷）[M]. 北京：人民出版社，1977：144－197.

而且制约着局部利益的实现。

公共决策必须把局部利益与全局利益结合起来考虑。当二者反映中央与地方关系时，必须加强中央统一领导，维护中央权威，宏观调控权必须集中在中央，中央在决策时要充分考虑地方合理的利益要求，地方要自觉服从和顾全大局，正确运用自身权力，调节好本地区、本部门的经济活动和利益关系，当局部利益与全局利益发生冲突时，局部利益要自觉服从全局利益。

四、合法利益与不合法利益

合法利益是现行政治体制予以确认或给予保护的利益形态。不合法利益是现行政治体制没有确认或不予保护的利益形态，换言之，当不合法利益遭到威胁或者受到损害时，其主体无法通过现行政治秩序获得保护和赔偿。不合法利益有两种：一种是现行法律法规明确规定不能获取、不能拥有的利益，即非法利益；另一种是现行法律法规没有明确规定的利益，一旦这种利益受到损害，现行法律法规不会提供保护。公共决策具有一定的政治性，必须为维护政治体制而服务，必须坚决维护合法利益，打击非法利益，维护公正公平的社会环境。

中国的改革开放是从经济改革开始的，政治改革和社会改革相对滞后，由于法制不健全，很多新的利益形态、新的获利途径没有反映到法律法规中，而一些与经济发展不相适应的利益形态和获利途径仍然受到法律法规的保护。因此，就中国社会的实际情况来说，在合法利益与不合法利益这对范畴内，还隐含着另一对矛盾的范畴：合理利益与不合理利益。合理利益是与社会主流价值观、道德观相符合或者为大多数社会成员认可、支持的利益形态；不合理利益是与社会主流价值观念、道德观相违背或者大多数社会成员不承认、不支持的利益形态。合理利益与不合理利益是属于道德范畴的概念，需要依靠人们的道德观念和价值观念进行评价，往往会表现出一定的主观性。

在公共决策中，合法利益与合理利益在很大程度上是重合的，但并不完全等同。合理利益并不一定能够获得合法的地位，比如，在改革开放以前，个体工商业者的利益是没有合法地位的，但从其自食其力的获利途径和促进社会经济发展的实际结果来说，这种利益显然是合理的。不合法利益和不合理利益也是相对的，随着社会发展，二者都可以朝向相对的方向转化。在一段时间内，由于法治建设相对滞后，在一定程度上为不合法利益的滋生和不合法的利益获取行为的成长提供了制度的温床，巨大的获利空间和极小的成本代价往往促使一些社会成员倾向于通过不合法的途径获取自身利益；同时，由于社会道德观念和价值观念处于新旧交替的状态，合理利益与不合理利益的界限往往不甚分明，不同主体可以站在不同立场为自身利益及获利行为寻找依据，这表明改革过程中社会的利益结构有其混乱的一面，合法利益和不合法利益、合理利益和不合理利益往往交织在一起，给公共决策的利益配置带来了现实难题。全面深化改革进程中，公共决策必须把人民利益始终摆在至高无上的地位，抓住人民群众最关心最直接最现实的利益问题，突破利益固化的藩篱，在正确界定相关利益形态的基础上，有效调控社会成员的获利行为，维护合法利益，保护合理利益，杜绝非法利益，对于不合理利益，要区分情况，正确引导，让改革发展成果更多更公平惠及全体人民。

第三节　公共决策调整社会利益关系的基本逻辑

一、利益取向是公共决策的深层行为依据

公共决策对公共利益的配置是政府依据特定伦理标准进行的价值选择，必然要表现出一定的利益取向，公共决策的利益取向模式也就是政府的利益观，是政府对决策系统所持利益标准的确立和利益配置方式的

选择，包括对公共物品生产、供给的规模、原则和方式的确立以及对社会成员获利行为的引导和规范，表现为判断社会成员的利益诉求和利益期望、确定利益评价标准、选择利益分配方式等具体内容。在此，利益观代表一个十分广阔的行为方式选择范围。广义的决策利益观包括决策过程中主体的向往、希望、良好、需要、选择、责任和明显的道德义务；狭义的决策利益观则指利益准则，即评判准绳，包含据以提出鉴定性与辩护性断定的假设、获利规则以及其他标准。利益取向有一股无形的力量，影响和制约着政府配置公共利益的目标、标准、原则和方式，构成公共决策的深层行为依据。

公共决策的本质是对公共利益（实际上是一种社会公共资源）的权威性配置，在如何分配社会公共资源上，“因其性质所然，公共政策当然要关注合法性、合理性、公正性等社会价值标准。”① 任何公共政策都包含了政府依据特定伦理标准进行的价值选择，必然要表现出一定的价值取向。按照马克思主义的观点，相对于主体来说，价值表现为客体的一种属性，这种“属性”是一个十分抽象的概念，在公共决策的具体实践中，抽象的价值以及价值取向需要具体化。价值分析的基础是利益分析②，在公共决策领域，抽象的价值往往表现为“利益如何分配”“分配给谁”“分配多少”等具体内容。因此，离开了价值背后的利益、利益关系与利益矛盾，公共决策领域的“价值”就失去了其存在的现实基础。

以谁的利益为本，如何实现这一根本利益，是公共决策的根本问题。公共决策关系到千千万万人的利益，牵动着千千万万人的生活，与各个领域、各个层次的社会成员发生着千丝万缕的联系。因此，公共决策必须坚持公共利益取向，必须反映、表达和综合大多数社会成员的利益，满足大多数社会成员的利益要求。政府在政治法理上被定义为全体国民

---

① 陈庆云．公共政策分析［M］．北京：中国经济出版社，1996：7.

② 陈庆云．关于“利益政策学”的思考［J］．北京行政学院学报，2000（1）：11－12.

委托管理国家公共事务的机构，是社会不同利益群体、阶层意志和利益的集中代表者。为民众服务，是公共决策的出发点，具体地讲，公共利益是公共决策的出发点和最终目的，“政府的任务是服务和增进公共利益”。①

公共决策是一个利益博弈的过程。在生产力还不足以满足人的一切需求的情况下，利益矛盾与利益冲突就是公共决策无法回避的客观现实。在公共决策中，面对多元利益主体的多元利益诉求，公共权力主体需要进行甄别与取舍，确定哪些利益诉求是合法、合理、可以满足的，哪些利益要求是不合法、不合理、不可以满足的。在现代社会，公共决策过程的民主化拓宽了公众参与公共决策的渠道，导致多种社会力量交互地向政府施加影响。从某种意义上讲，公共决策是包括政府利益在内的各种利益通过竞争而达到平衡的结果。政府作为社会公共利益的主要代表，当认识到不同利益团体之间产生利益冲突时，就必须出面干预，协调社会利益关系，尽可能地实现和维护大多数社会成员的共同利益。

二、利益冲突是公共决策不断调整社会利益关系的内在动力

利益冲突是利益主体之间由于利益差别和利益矛盾，在实现各自利益的过程中发生的利益争夺，是主体之间的利益矛盾激发的一种状态。社会是由不同利益主体构成的有机体，在这个有机体中，个人、家庭、集体、社会、国家等利益主体之间发生着纵向和横向的相互联系。各利益主体不仅要面对生产、分配、交换物质生活资料的物质利益关系，也要处理自我设计和安排的由低级到高级的非物质利益关系和精神利益关系。同时，各种主体也存在需要的多样性、个体发展的差异性，这种多样性和差异性最初表现为各主体所获取利益的量和质的差别，随着主体社会地位的变化，最终变成了体现不同主体经济地位和社会地位的

① ［美］詹姆斯·E·安德森．公共决策［M］．唐亮译，北京：华夏出版社，1990：222.

利益差别（如城乡之间、脑体之间、工农之间的差别）。当这些差别发展到一定程度而不能得到有效补偿时，就引发了利益主体间的矛盾和冲突。

利益冲突具有两面性。作为社会利益关系的一种矛盾状态，处理不好就可能导致消极的后果；作为促进社会变革的力量，又具有促进社会利益结构向适应社会经济发展的方向进行调整的积极功能。“利益就其本性说是盲目的、无止境的、片面的，一句话，它具有不法的本能。”① 冲突在本质上是与和谐相对的一种状态，因此，发生在特定社会中的利益冲突既是该社会利益关系的一种越轨行为，又是该社会整合机能的病态的反映。但是，人类社会的利益冲突能够始终限定在一定范围内，因为人的理性使其意识到为了保证各自利益的实现，保证人们不至于在冲突中同归于尽，必须通过政治系统的力量对利益冲突进行协调。

政府以及与之密切相关的公共权力和公共决策，都不是凭空产生的，其之所以存在，是因为人的本性决定了人与人之间存在着公共需要和公共利益，而这种公共需要和公共利益只有依赖公共组织运用公共权力，运行公共管理实践才能得以满足。② 在公共决策中，不同利益主体具有不同的利益要求，为追求自身利益的满足，会通过积极的政策参与，对决策过程施加影响。政府为了平衡不同利益主体的需要，使社会不至于在利益冲突中陷入无序状态，就会通过公共决策，对社会资源的配置方式进行调整，保持社会利益关系的平衡。同时，由于人的需要的多样性和多层次性，一种利益要求得到满足，又会产生新的利益要求，政府面对新的利益冲突，又需要出台新的政策方案。公共决策就是在这种循环往复的过程中调整利益关系，协调利益冲突，从而保持社会利益格局的整体平衡。

---

① 马克思恩格斯全集（第1卷）[M]. 北京：人民出版社，1956：179.

② 汪辉勇. 公共利益：公共管理研究的逻辑起点 [J]. 行政论坛，2003 (7)：15-17.

三、利益整合是公共决策有效增进社会公共利益的基本途径

利益整合是指主体通过多种方式，在保证各群体利益的基础上，使群体的各个组成部分以及不同群体合理、有序地组合起来，构成一个利益共同体，以达到社会内部结构的平衡，提高社会有机体的整体效能。①在公共决策领域，利益整合是指政府为了实现公共利益，对社会不同利益主体的利益要求确认、选择和综合的功能，是政府调整社会利益关系、实现公共利益的重要途径。

根据阿尔蒙德的观点，各个集团或个人提出一项政治要求时，政治过程便开始了。这种提出要求的过程，可以称之为利益表达。利益表达可以由多个不同的主体以不同的方式进行，每个主体都面临来自其他主体的竞争，其要求成功与否，取决于利益综合、政策制定、执行和终结的整个过程。在利益表达的基础上，公共决策主体还要以一定的方式在利益取向、利益标准、利益解释等方面进行整合，以便使各种政治要求转换为一致或较为一致的政策选择。公共决策利益整合就是把各种利益要求转变为重大政策选择的功能，是把各种利益要求注入决策方案并取得相关政治资源支持的行为过程。“各种利益要求得到大量政治资源的支持，就转变成重大的政策选择……要使各种利益要求成为真正的政策选择，必须得到一种政治体系中能够起决定作用的资源的充分支持。”②

政府在政治法理上可视为公众委托管理社会公共事务的机构，公共

---

① 著名政治社会学家塔尔科特·帕森斯认为，任何社会的生存和正常运转依赖于其是否获得四项基本结构和功能，即适应、目标达成、整合、模式维持。整合指的是“借以调整和协调系统内部的各套结构，防止任何严重的紧张关系和不一致对系统的瓦解的过程”。在该理论中，虽然四项基本结构和功能中任何一方的缺失都会危及社会的正常运转，但是整合在逻辑上具有优先地位。因为社会在现实上是动态和发展的，而整合则是发展的必备条件，它“既能够使社会维持其作为社会系统的完整性，又能够使社会进入更高级的适应能力”。参见：［美］安东妮. M·奥勒姆：《政治社会学导论》［M］. 董云虎、李云龙译，浙江人民出版社，1989：144－145.

② ［美］加布里埃尔·A·阿尔蒙德、小G·宾厄姆·鲍威尔. 比较政治学：体系、过程和政策［M］. 曹沛霖、郑世平、公婷、陈峰译，上海：上海译文出版社，1987：233.

权力对公众利益负责构成现代国家宪法的基本通则之一，为公众利益服务相应成为公共决策的出发点和归宿。现代社会是利益多元的社会，在多元的利益结构中，公众总是分化、整合为不同的利益群体或利益集团。受到社会经济发展水平、公众期望水平、政府权威等因素的影响，政府所能支配的公共资源总是有限的，只能解决有限的社会公共问题，与此形成鲜明对比的是，公众的期望和要求往往是不断发生、发展的，这之间的矛盾，为公共决策利益整合功能的发挥提供了条件：政府需要通过利益整合，找准现实条件与公众期望之间合理的契合点（即公共利益），使公共政策所能够解决的利益冲突与公众在一定时期内的利益要求达到某种平衡状态。在公共决策中，不同的利益主体的利益诉求往往是不一致的，甚至是矛盾的，由于主体追求自身利益最大化的内在张力，使得政府对公共利益的确认往往会遇到很大困难。公共决策必须依赖于利益整合功能的发挥，使得个体理性与公共理性相融合，使公共利益得到大多数社会成员的理解、认同和支持。

第三章　全面深化改革背景下公共决策的利益冲突

党的十八届三中全会通过了《中共中央关于全面深化改革若干重大问题的决定》，对全面深化改革作出了战略部署。习近平总书记在党的十九大报告中指出："坚持全面深化改革。"当前和今后一个时期全党全国的重大政治任务，就是凝聚共识，使全党全社会都理解改革、支持改革、参与改革，最大限度地汇聚起全面深化改革的强大正能量。全面深化改革是改革开放的新篇章。改革开放以来，我国通过建立并不断完善社会主义市场经济体制，极大地激发了市场活力与经济活力，在释放市场活力的同时，注重协调利益关系和增强改革普惠性，实现了从短缺经济社会到消费升级新时期的历史性提升。① 当前，我国经济社会发展面临着内外环境重大变化带来的新矛盾、新挑战，这些新矛盾、新挑战，是全面深化改革进程中公共决策必须面对的客观现实。

第一节　公共决策利益冲突的表现形式

利益冲突在公共决策领域体现得最为突出。② 一方面，公共决策是

① 迟福林. 以全面深化改革开放赢得未来［N］. 经济日报，2018－11－1（14）.

② 陈国权、周鲁耀. 公共决策中的利益冲突及其治理［J］. 探索与争鸣，2012（9）：7－10.

对公共利益的权威性配置。理想的公共决策应当是一种高效决策、依法决策、民主决策、公正决策和廉洁决策，兼顾社会资源的最优化配置与在社会各个阶层中的公平分配。但现实中，公共权力主体掌握的公共资源总是有限的，公共决策对公共利益的权威性配置不可避免地面临着孰先孰后、孰重孰轻的取舍。另一方面，国家公职人员作为公共利益的代表，他们追求公共利益最大化的职务行为未必能够带来个人和家庭利益的最大化，这就导致公共决策过程中可能的廉政风险，如果公职人员利用决策权谋取个人利益而背离公共利益，就会出现决策腐败。

一、利益格局加速调整

2018 年 3 月 28 日，习近平总书记在主持召开中央全面深化改革委员会第一次会议时指出，深化党和国家机构改革全面启动，标志着全面深化改革进入了一个新阶段，改革将进一步触及深层次利益格局的调整和制度体系的变革，改革的复杂性、敏感性、艰巨性更加突出。

全面深化改革要突破“利益固化藩篱”。“利益固化藩篱”是指某些既得利益者，为保障已有的利益好处，并使其具有持久性和延续性而设置的屏障壁垒。既得利益的获取往往来自公共权力的运用，或者说是来自某些具有自然垄断性的行业和机构。利益主体为维持其所得利益的持久性和延续性，往往程度不一地反对改革、阻碍改革，千方百计拖延改革。既有的体制机制成为既得利益者的“保护伞”和“护身符”，而这些既得利益者往往是现有体制机制的设计者和构建者。也就是说，如果要打破既有的利益格局，就必须改革利益者本身，就必须从现有“蛋糕”中切分出一部分来与既得利益者之外的人共享，这无疑相当于“割自己的肉”，这个特点决定了改革的难度必然大乎想象。①

经过长期努力，中国特色社会主义进入了新时代，这是我国发展新

① 周跃辉. 勇于突破利益固化的藩篱［N］. 学习时报，2018 - 5 - 30（1）.

的历史方位。习近平总书记在党的十九大上明确作出“我国社会主要矛盾已经转化为人民日益增长的美好生活需要和不平衡不充分的发展之间的矛盾”这样一个重大政治论断。社会主要矛盾变化，是中国特色社会主义进入新时代的基本依据，是中国特色社会主义理论体系的重大创新，是关系全局的历史性变化，对党和国家工作提出了许多新要求，也对公共决策提出了新要求。社会主要矛盾变化，要求我们认识社会主义初级阶段要有新的框架、新的尺度，规定了新时代中国特色社会主义的主要任务。社会主要矛盾的转化，是全面深化改革的根本依据。公共决策要立足全面深化改革的时代背景，不断扩大公共产品和公共服务的有效供给，着力解决好发展不平衡不充分问题，大力提升发展质量和效益，更好地满足人民在经济、政治、文化、社会、生态等方面日益增长的需要，更好地推动人的全面发展和社会的全面进步。

二、利益主体持续分化

在计划经济体制下，政府是社会资源配置的绝对主体，社会群体和社会组织都不具有真正独立的主体地位，其利益及其实现是政府分配的结果，社会利益冲突最终都是指向政府的，人们遇到问题，首先想到的是政府：上当受骗找政府，丧失工作找政府，拖欠工资找政府，遭遇天灾人祸找政府，甚至个人家庭生活中的问题也找政府。因而，当时的社会利益结构是高度糅合的，政府在实际上承担了绝大部分公共决策职能，扮演了社会利益代表者和维护者的角色。

现代化国家需要有一个合理的现代化社会阶层结构，这个社会结构应该是与现代化的经济结构相适应的，相辅相成的，使经济社会能够协调发展。从世界各个已经实现了现代化的国家的历史经验看，这些国家的社会阶层结构形态都是“两头小中间大”的橄榄型结构。实践证明，一个国家一个社会形成了橄榄型的社会阶层结构形态，这个国家也就实现了现代化，经济社会事业就能够健康稳定持续地发展。拿中国传统语言讲，这个社会才能够长治久安。改革开放以来，中国社会阶层分化日益明显，实际上形成了以“后致性”为主的社会流动机制正在逐渐代替以“先赋性”为主的传统社会的流动机制。① 在这种机制下，社会成员只要足够努力，就有机会实现向上流动的理想，就有机会改变自身社会身份。农民可以进城务工，成为市民；年轻人通过学习、努力，可以上大学，毕业以后可以留在城市创新创业，也可以深入农村施展才华。总之，随着实现理想道路的不断拓展，人们拥有自身特定利益、成为特定利益主体的空间也越来越大了。

在全面深化改革的过程中，利益主体持续分化，实际上形成了多元利益主体参与公共决策的状况：社会利益越来越多地通过市场机制在个人和社会群体、社会组织中进行分配，各种社会群体和社会组织越来越成为具有相对独立地位和相对独立利益的主体，非政府组织、社会精英、公民团体等在社会资源的配置中，发挥着越来越大的作用。不同利益主体为有效地维护自身利益，都会以个体或群体的方式积极参与公共决策过程，使公共决策的利益冲突更多地表现为不同利益主体之间的冲突。

随着利益主体的不断分化，市场关系中具有相对独立地位的参与者在新的社会利益格局中日显重要，公共决策协调社会利益关系首先是协调这些利益主体之间的关系。在政府逐渐从直接占有、分配社会资源的位置退出、逐渐与社会相对分离开来之后，政府将越来越多地成为公共利益的代表者，这意味着只有当不同利益主体无法解决相互之间的利益冲突、并且这种冲突将危及社会利益格局中整体或局部的平衡时，政府才能够作为总协调者介入利益冲突。这时，政府的协调与整合功能必不可少，而且需要非常完备，但是，在大多数情况下，政府是不能作为利益冲突的主体出现的。

---

① 陆学艺. 当代中国社会阶层的分化与流动［N］. 北京日报，2006-6-19（019）.

三、公共需求不断增长

改革开放以来，人民群众物质文化生活得到极大改善，物质文化生活需要得到充分满足。社会生产的迅速发展为满足人民更高物质文化需要创造了物质条件和社会条件，同时生产也促进消费，供给也创造需求，人民在物质生活方面不再满足于有饭吃、有衣穿、有房住、有车坐等，而是要求吃得健康、穿得得体、住得宽敞、坐得舒适等。人是多重属性的人，人的需要是展开的过程，人的全面发展是人的本质要求。在满足物质文化生活基本需要的基础上，人民要求平等参与、平等发展权利得到充分保障，依法享有广泛权利和自由，如知情权、参与权、表达权、监督权等；要求享有更加完善的社会保障体系、更加高效的社会治理体系、更加可靠的社会安全体系等；要求享有明媚的阳光、新鲜的空气、清洁的水源、健康的食品、绿色的植被等。人民对美好生活的追求无止境，期盼更加有尊严、有品位、有快乐的生活，充分体验美好精神生活，比如心态保持轻松愉悦，内心保持人格统一，心中保持理想激励，一生保持初心不泯，心灵保持美的追求等。①

人民日益增长的美好生活需要，要求社会不断发展加以满足。新时代的发展不平衡，主要表现为城乡区域发展不平衡、居民生活水平不平衡、基本公共服务提供不平衡。从近年来各地房价的差距就可以反映城乡区域发展的差距，从城乡区域之间人口流动的走向就可以看出各地的发展状况。由于人们收入水平、财产状况存在很大差距，购买力、消费能力、闲暇时间差别很大，即使是在北上广深，不同群体对美好生活的标准、预期也大不相同。基本公共服务的原则是均等化，但基本公共服务与各级政府的财力物力密切相关，与基本公共服务的政策制度密切相关，造成了不同地方人们享用基本公共服务的程度也不尽相同。新时代

---

① 颜晓峰．论新时代我国社会主要矛盾的变化［J］．中共中央党校（国家行政学院）学报，2019（2）：5－13.

的发展不充分既表现为发展总体水平的不充分，也表现为以发展不平衡表现出来的部分地区、行业的发展不充分，还表现为发展质量不高、效益不好的发展不充分。

在多元利益格局中，不同利益主体由于所处社会地位不同，在利益要求上的差别也就不可避免，这表现在社会资源配置中就是公共需求的差异。在公共决策中，不同利益主体在利益取向上存在个人利益、公共利益与国家利益、当前利益与长远利益、局部利益与全局利益、合法利益与不合法利益、合理利益与不合理利益孰轻孰重的冲突。政府作为公共决策的主体，必须以实现和维护公共利益作为基本利益取向，但在现有的政治结构和社会结构中，政府也有其自身利益和局部利益（当然，政府对自身利益、局部利益的追求，理论上不能损害公共利益），这就使得公共决策面临着社会公共需求的深刻变化和快速增长与公共服务不到位、公共物品有效供给不足的突出矛盾，这构成全面深化改革中公共决策的现实压力，公共决策对社会资源的配置往往面临公平与效率、发展与稳定、当前与未来、经济与社会等利益取向的冲突。

四、利益诉求日趋多样

关于人的行为的基本假设之一是理性人假设，即构成人的行为的基本动力是追求自身利益最大化，市场交易中的主体也是如此。在实际的市场关系中，市场交换的权利平等原则和公平原则往往不是绝对的，由于不同市场主体所追求的利益不同，所占有的资源不同，所拥有的权力不同，对交易后果的影响不同，决定了其利益实现程度也是不同的。为有效获取和维护自身利益，各市场主体往往倾向于采取多种方式强化自身实际的市场权力，使政府对社会资源的配置朝着有利于自身的方向进行。除了自身的努力外，组织起来即是强化实际权力、保障利益实现的重要途径。从行动者的层面分析，组织起来的优势在于将分散的力量集中起来，形成超出个人力量的合力，对个体实现自身利益产生更大的影响。

在全面深化改革进程中，市场机制逐渐取代政府再分配机制成为社会资源配置的主要机制。当社会成员越来越多地通过市场交易获得自己需要的资源时，当各种获利机会越来越多地具有市场的色彩时，就意味着人们所获得的资源乃至其社会地位越来越多地不再是政府分配的结果，而是和其市场竞争能力联系在一起。

在以政府再分配机制为主的社会中，政府建构了单位组织，单位组织将几乎所有的社会成员纳入其中。政府再分配是自上而下进行的，单位体制也是自上而下组织起来的，利益表达和利益获取在单位体制的框架内进行，利益冲突的协调与整合也是按照政府再分配权力和行政化的单位体制的等级制度自上而下的、依靠行政化的手段实现的。但当市场机制逐渐取代政府再分配机制、单位体制逐渐解体的新形势下，社会成员不再单纯依靠政府和单位内部的机制获取自身利益，而是在单位组织内外通过合理的与不合理的、合法的与不合法的等多种途径，获取自身利益，也就是逐利行为趋于多样化了。

第二节　公共决策利益冲突的特征

利益冲突是人类社会一种客观的、普遍的现象，存在于人类社会生活的各个环节，没有利益冲突，就不会有社会的发展进步。公共决策过程也存在自始至终的利益冲突。关于公共决策利益冲突的性质，有两种不同的观点：一种观点认为，利益冲突是公共决策的一种病态，不利于政府正常活动的开展，只能起到破坏作用，是公共决策失败的前兆。基于这种认识，对冲突往往持回避、掩盖和压制的态度。另一种观点认为，利益冲突是不可避免的，既有好的一面，也有坏的一面，适量的利益冲突是保持公共决策系统生机与活力的重要条件。全面深化改革背景下公共决策的利益冲突是客观存在的，我们不能否认，也不能回避。当然，这种利益冲突又具有典型的中国特色，离开中国的具体国情，是无法把握其性质的。

一、典型性

全面深化改革是一场革命，与之前阶段的改革相比，改革不断向深层次推进，范围不断拓宽。当前，改革步入了深水区和攻坚期，能不能革除体制机制的弊端，能不能突破利益固化的藩篱，逐步形成合理的发展格局和利益结构，是全面深化改革面临的主要挑战和重大难题，决定着全面深化改革能否继续深入推进。① 中国特色社会主义进入新时代，我国社会主要矛盾已经转化为人民日益增长的美好生活需要和不平衡不充分的发展之间的矛盾，不平衡不充分问题涉及经济、政治、社会、文化、生态、党建、国防等多个领域，这些问题的解决均需要通过全面深化改革，公共决策在解决这些问题的过程中，发挥着特殊的作用。在全面深化改革进程中，利益冲突在公共决策中又具有典型意义。

（一）利益冲突是理解全面深化改革背景下公共决策的重要视角

党的十八大以来，全面深化改革始终以人民利益最大化为出发点和落脚点，改革成效显著。党的十八届三中全会通过的《中共中央关于全面深化改革若干重大问题的决定》围绕经济、政治、文化、社会、生态文明、党建六大改革主线所确立的15个领域、60个具体改革任务和300多项具体改革举措，无一不是为了最大限度地维护人民群众的主体地位和根本利益，确保人民群众能够更多更公平地分享改革发展成果，从而有更多获得感。尤其是中央全面深化改革领导小组成立以来，召开了30多次专门会议，通过了200多项具体改革方案，绝大多数都是为了解决涉及老百姓切身利益的发展与民生难题，真正做到了“老百姓关心什

① 罗来军.“坚持全面深化改革”的内涵和实质［J］. 前线，2017（12）：23－27.

么、期盼什么，改革就要抓住什么、推进什么”。办好中国的事情，关键在党。党的十八大以来，以习近平同志为核心的党中央紧紧扭住教育、医疗、就业、收入分配、社会保障、扶贫等几个关键环节，切实让改革发展成果惠及每一个老百姓，老百姓得到的更多了、气更顺了、心更安了、底气更足了、希望更大了。①

全面深化改革伴随着不同利益主体的相互博弈。利益的分化整合是全面深化改革进程中不可避免的社会现实，随着利益的分化整合而形成的多元利益主体是参与公共决策的重要主体（包括制度供给主体和需求主体），他们对改革成本的计算和对改革收益的预期都是从其自身利益出发的，因而对改革方向、过程、结果等具有不同的要求。这里，全面深化改革需要直面不同利益主体间相互冲突、相互影响、相互作用的客观现实。任何一项公共决策，都不是仅仅取决于政府的偏好或领导集团的好恶，而是最终取决于各种利益集团的相对势力及其合力，是公共选择的结果，从这个意义上说，公共政策“不过是执行这一公共选择结果的具体形式罢了”。②

一般说来，利益主体可以通过多种方式对公共决策施加影响，但既定制度的既得利益集团（如官僚集团、垄断集团）对公共决策过程具有更大的影响力。在改革开放过程中，政治权力的分配、利益关系的调整，特别是某些特殊利益集团的特权和偏好，对公共决策的目标、方式、过程、结果等都会产生重大影响。而对于一般民众和社会组织来说，由于在政治、经济、文化、社会等方面处于实际上的弱势地位，往往被排斥在公共决策过程之外，处于随时可能被边缘化的境地，当他们长期无法通过正当的途径表达和实现自身利益诉求时，这种压抑的情绪就可能转化为对公共权威的藐视和敌视，甚至引发其采取过激行为（如越级上

① 韩保江．人民利益最大化始终是全面深化改革的根本遵循［N］．光明日报，2017－9－26（13）．

② 柳新元．利益冲突与改革性质的定位和改革方式的选择［J］．天津社会科学，2001（6）：38－42．

访、非法集会等），通过非制度化的途径对公共决策施加影响，破坏社会稳定。

因此，从利益和利益冲突的角度理解全面深化改革背景下的公共决策过程，从而形成多数利益主体可以接受（至少是不反对）的政策方案，也即如何理解全面深化改革背景下公共决策利益冲突的性质，如何在利益矛盾的化解和利益冲突的平衡中推进改革，是深化改革、扩大开放、维护稳定的核心命题。理解了这一点，政府就能够充分理解改革中的不同群体的利益差异，尊重他们追求自身利益的权利，并通过扩大公共物品的有效供给满足更多社会成员的需求。换言之，在公共决策过程中，政府更应懂得为平衡利益冲突而进行协调，以便在全面深化改革背景下所带来的利益矛盾和利益冲突中保持社会利益格局的整体稳定，稳步推进改革进程。

改革只有进行时，没有完成时。公共权力主体要高举中国特色社会主义制度伟大旗帜，始终坚持以经济建设为中心，大力发展社会主义市场经济，不断解放、发展和保护社会生产力，既要不断做大“蛋糕”，为实现和满足人民利益多样化、最大化夯实物质基础；也要注意分好“蛋糕”，加快实现共同富裕，不断筑牢实现“两个一百年”奋斗目标和中华民族伟大复兴中国梦的社会基础。

（二）利益冲突加剧是全面深化改革背景下公共决策面临的现实问题

任何社会体制都有其对应的利益关系以及由此形成的利益格局，社会体制改革意味着社会利益的再分配，必然会带来社会利益关系的调整和社会利益格局的变化。即使不触动原有体制中既得利益者或对其先期进行足够补偿而推进的所谓无人受损的改革（即经济学上的“帕累托改进”），也会发生“相对利益”或“精神利益”受损的情况，使人反对改革。因此，任何改革都无法回避社会利益矛盾和利益冲突。

改革开放是从经济体制的转型开始的，政治改革和社会改革的进程远远滞后于经济改革。这种状况使得公共决策面临的利益冲突具有浓郁的中国特色，也增加了利益冲突的复杂性程度。随着经济关系的调整和经济水平的提高，原有利益格局被打破，新兴利益群体不断产生，旧的利益群体不断消亡，各利益群体在矛盾斗争中不断分化整合，社会利益格局在激烈的冲突中重构。由于政治体制和社会体制改革滞后，社会利益格局的重构缺乏足够制度资源的支持，无法在规范中发展成熟，从而增加了改革的成本和风险。

习近平总书记在党的十九大报告中指出，坚持全面深化改革是构成新时代坚持和发展中国特色社会主义的基本方略之一。改革开放的历史进程是由浅入深、由经济领域不断向政治领域、社会管理领域、文化领域、生态领域、党的建设领域、国防和军队建设领域等拓展，领域越来越宽、力度也越来越大。全面深化改革涵盖多个领域多个方面，根据党的十九大精神，多个领域多个方面的内容可以统筹于构建、实施与完善中国特色社会主义现代化制度体系这一主题之中。党的十九大报告指出，坚决破除一切不合时宜的思想观念和体制机制弊端，突破利益固化的藩篱，这表明改革进入深水区，要啃硬骨头、要闯险滩。全面深化改革的总目标是构建、实施与完善系统完备、科学规范、运行有效、国家治理体系和治理能力达到现代化水平的中国特色社会主义制度体系。在全面深化改革进程中，不断推进国家治理体系和治理能力现代化，构建系统完备、科学规范、运行有效的制度体系，这些事项达到了前所未有的高度，既要建设具有现代化水准的治理体系，又要形成具有高度稳定性、高度透明性的制度。①

全面深化改革要坚决破除一切不合时宜的思想观念和体制机制弊端，突破利益固化的藩篱。当前，改革步入了深水区和攻坚期，突破利益固化的藩篱，在全社会逐步形成合理的发展格局和利益结构，是公共决策

① 罗来军."坚持全面深化改革"的内涵和实质［J］. 前线，2017（12）：23－27.

面临的主要挑战和重大难题，决定着全面深化改革能否继续深入推进。在公共管理领域，体制机制弊端和利益固化藩篱依然严峻，传统的体制机制及其形成的路径依赖仍然深厚，一些治理障碍、政策阻碍仍然存在；依法行政仍存在着法治意识不强、执法措施及效果还不够理想、有法不依执法不严违法不纠仍然时有发生等问题；教育、医疗、住房等民生领域还面临着一系列亟待解决的问题。要解决体制机制弊端和利益固化藩篱的问题，需要科学的制度设计，以及相应的强力执行，公共决策是这种强力执行的重要保障。解决上述问题，首先要清理现行法律法规、政策条例、人为治理等多种方式中有违科学、均衡、共享发展的内容；其次要建立推动和保障科学、均衡、共享发展的制度化、法治化的治理体系，规避以往不合理的会议决议、文件条例、人为治理等方式。①

二、非对抗性

人类社会的利益冲突有两种基本性质：对抗性和非对抗性。相应地，利益冲突就可分为对抗性利益冲突和非对抗性利益冲突两种基本类型。对抗性利益冲突是指各利益主体的根本利益无法相容的矛盾和冲突，一方利益的实现必然会对另一方的根本利益造成损害，甚至威胁其生存和发展的基础，因而冲突表现为不可调和而最终必须通过斗争的方式加以解决。非对抗性利益冲突是指各利益主体在根本利益一致基础上的利益差别，各利益主体均不以根本否定其他主体的存在为目的，不完全排除其他利益主体实现自身利益的必要条件，因而冲突可以通过协调的方式加以解决。

我们党坚持不懈地探索在一个经济文化比较落后的东方大国建设什么样的社会主义、怎样建设社会主义的问题。在我国建设社会主义，首先要明确社会主要矛盾。中华人民共和国成立后，随着生产资料公有制

① 罗来军."坚持全面深化改革"的内涵和实质［J］. 前线，2017（12）：23－27.

的社会主义改造基本完成，剥削阶级作为一个阶级已经被消灭，对抗性利益冲突整体存在的根基已不复存在。党的八大指出，我们国内的主要矛盾，已经是人民对于建立先进的工业国的要求同落后的农业国的现实之间的矛盾，已经是人民对于经济文化迅速发展的需要同当前经济文化不能满足人民需要的状况之间的矛盾。党的十一届六中全会指出，在社会主义改造基本完成以后，我国所要解决的主要矛盾，是人民日益增长的物质文化需要同落后的社会生产之间的矛盾。2017 年 10 月 18 日，习近平总书记在党的十九大报告中指出，中国特色社会主义进入新时代，我国社会主要矛盾已经转化为人民日益增长的美好生活需要和不平衡不充分的发展之间的矛盾。这是一个关系全局的重大判断，深刻把握这一变化的全局性影响及其意义，对于准确把握我国发展的历史方位，深刻认识新时代基本特征、主要任务、发展要求，推进建设社会主义现代化强国、实现中华民族伟大复兴中国梦，具有重要意义。

社会主要矛盾变化是公共决策对公共资源进行权威性配置的立足点。当前，公共权力主体在公共决策过程中还会面临种种利益矛盾和利益冲突，但这种矛盾和冲突整体上属于人民内部矛盾，是人民群众在根本利益一致基础上的分歧，是非对抗性的，可以通过经济社会的不断发展和公共利益的公正配置而逐步加以解决。公共决策要坚持以人民为中心，人民群众对美好公共生活的向往，就是公共决策的价值取向。公共决策对公共资源的配置，首先，要站在人民立场上，从人民群众的最大利益出发，向人民群众负责，问需于民，取信于民，把人民群众满意不满意、拥护不拥护、支持不支持作为衡量公共决策效果的根本标准，让群众得实惠，看到美好前景。其次，要坚持走群众路线，建立社会参与机制，问计于民，广泛听取群众意见和建议，及时总结群众创造的新鲜经验，不断提高决策的科学性。

三、可调控性

利益冲突是任何公共决策都必须面对的现实问题，是公共决策的内在属性，不同公共决策过程只有利益冲突程度的高低之分，而不可能不存在利益冲突。“冲突，不但不足怕，不足惧，而却可爱。若从领导者的立场而言，冲突乃是获取内部控制的主要工具。”① 对待利益冲突的正确方法是适当调控而不是刻意消除。公共决策利益冲突没有绝对的好坏之分，都是优劣互见、利弊相连的。其弊端表现在造成公共决策资源浪费，提高决策成本，加剧公共组织负担，增加决策系统内耗，最终导致公共权威流失，甚至导致社会革命和社会制度变迁。从积极的方面看，适当的利益冲突有助于保持公共决策系统的生机与活力，使政府充分考虑不同利益主体的要求，从而坚持公共利益这一根本方向。因此，全面深化改革背景下公共决策的利益冲突不是一种需要抑制的现象，而是一种可以有效利用的资源。在冲突适量的条件下，公共决策系统各要素才能激发积极性，发挥积极作用；否则，冲突过大，就会使决策系统陷入无止境的利益纷争，削弱公共权威。

利益冲突的各个主体在根本利益上的一致性，使得冲突各方利益关系的协调成为可能，这是非对抗性利益冲突的突出特征。就中国公共决策的实际情况来看，“对于人民内部的局部利益与整体利益、眼前利益与长远利益、个人利益与集体利益、集体利益与国家利益，以及个人之间、集体之间、各种团体之间的利益冲突，我们都必须通过对话和协商的办法，通过利益结构的自我调整加以解决。对于由于认识原因所造成的利益冲突，要坚持批评与自我批评相结合、说服教育、疏通对话渠道等民主方法，在坚持团结—批评—团结的原则下加以解决。”②

公共决策是一个公共选择的过程。在这一过程中，政府对公共利益的配置实际上遵循着对强势群体的“路径依赖”（从而使利益配置具有边际性质），这说明任何决策方案都会带有一定的偏好。因此，在公共决

① 竺乾威. 公共行政学［M］. 上海；复旦大学出版社，2004：48.

② 张玉堂. 利益论——关于利益冲突与协调问题的研究［M］. 武汉：武汉大学出版社，2001：160－161.

策中，无论政府选择了何种方案，都只能表明利益结构暂时的稳定，各种利益冲突并不会因这种暂时的稳定而消失，而是会在制度演进中不断持续下去（或者换种表现形式），甚至会随着制度的变迁而激化。可见，作为公共选择结果的决策方案，其利益协调具有边际性、整合性、渐进性、暂时性和动态均衡性等特征，这决定了公共决策对社会利益关系的调整是一个渐进的过程，这也是对中国选择渐进式改革道路的深层阐释。

第三节　公共决策利益冲突的形成原因

从改革开放的历史进程看，不管国内环境条件怎样变化，也不管国际风云如何变幻，坚定不移地推进改革开放始终是我们党一以贯之、毫不动摇的大政方针。党的十九大报告指出，我国社会主要矛盾已经转化为人民日益增长的美好生活需要和不平衡不充分的发展之间的矛盾。不平衡不充分问题涉及经济、政治、社会、文化、生态、党建、国防等多个领域，这些问题的解决均需要通过全面深化改革。全面深化改革、社会发展和社会利益结构重构三者间存在着这样的逻辑关系：全面深化改革加速社会发展，社会发展又加速利益结构重构。中国的改革开放是内生型的，政治体系在这一过程中发挥着极为重要的作用，政治系统的强力推动是中国改革开放最大的力量源泉；贯穿全面深化改革、社会发展、政府推动三者之间的是文化的因素，即社会利益观念的变化促使人们积极追求自身利益，导致社会利益分化，导致利益冲突发生。

一、深入推进政府职能转变导致行政环境发生变化

政府常被人们设定为社会的公共组织，只履行公共管理职能，是公共利益的最高代表者，并不具有自利性。事实上，政府组织同样拥有自

身的特殊利益，如特殊的政治地位、经济地位和精神文化特权。随着社会分工的发展，政府管理工作从社会工作中分离出来，成为一种专业化、专门化的工作，政府也就具有了自身的特殊利益。在市场经济条件下，政府也是一种独立的利益主体，也有追求自身利益最大化的内在动机，这往往会损害公共利益，如政府规模扩大、政府支出增长就是政府追求自身利益的扩张行为的负面效应。全面深化改革进程中，我们在防止市场失灵的同时，也要警惕政府失灵，要把握好政府干预的范围、内容、方式和力度，避免干预不当所产生的严重后果。

公共决策对公共利益的权威性配置是通过公共物品的供给来实现的，但公共物品的供给有其内在的规定性，要受到多种因素的制约。从根本上说，利益冲突的产生是由于人的需要的无限性与需要满足程度的有限性之间的矛盾。社会财富还没有达到各取所需的程度，公共物品有效供给不足是诱发利益冲突的首要原因。政府公共物品的供给过程中，也有其内在的缺陷，政府部门及其官员可能会因为追求自身的组织目标或自身利益而损害公共利益和社会福利，这种现象被称为“内部性”。正是这种“内部性”造成了公共物品有效供给不足，并使政府规模、政府职能、政府预算呈现不断扩张的趋势。

公共物品的供给又受制于经济发展水平，经济发展水平高，社会财富总量就大，政府可以支配的物质资源也相应增加。改革开放以来，中国经济保持了持续快速增长的发展势头，取得了举世瞩目的成就，人民收入和生活水平有了显著提高。党的十九大报告指出：“经过长期努力，中国特色社会主义进入了新时代，这是我国发展新的历史方位。”新时代是承前启后、继往开来、在新的历史条件下继续夺取中国特色社会主义伟大胜利的时代。中国特色社会主义进入了新时代，这并没有改变我国社会主义所处历史阶段，我国仍处于并将长期处于社会主义初级阶段的基本国情没有变。社会主义初级阶段是一个不可逾越的历史阶段，要通过上百年的努力才行。从 20 世纪 50 年代中期三大改造基本完成至今，我国进入社会主义初级阶段已经60多年了，已进入社会主义初级阶段的“下半场”，而新时代正是社会主义初级阶段“下半场”的开端。当前，人民群众的物质需求已经得到了较好满足，但人民群众对民主、法治、公平、正义、安全、环境方面的需求日益增长，“发展不平衡不充分”的突出问题尚未解决。在全面深化改革进程中，各类社会财富总量在一定历史时期内总是有限的，公共权力主体可以分配的资源也是有限的，导致公共决策对社会资源的配置，仍不能完全满足人民的美好生活需要，这意味着，公共权力主体对公共利益的配置，仍不可避免地会带有一定的倾向性。为获取有限的资源，各利益主体往往会寻求制度外的途径获取更多利益，加剧公共决策的利益冲突。

政府对公共物品的配置不是全能的，可能存在低效、高耗、偏颇等弊端。由于缺乏有效的竞争机制，公共权力主体掌握公共资源，他们在公共决策中缺乏追求效益、变革自身的动力，对公共物品的供给也无法及时适应社会利益关系的调整而进行相应变革，往往导致决策机制僵化，导致公共产品和公共服务有效供给不足。当前，改革的重点转为提高产品和服务的质量，提高国家和社会治理能力，提供充分的公共产品和公共服务。在全面深化改革进程中，公共决策特别要顺应人民期盼，抓住群众最直接、最关心、最现实的利益问题，让改革取得更多看得见的实效，使发展成果更公平地惠及全体人民，从而让群众有更多的获得感和幸福感，提高人民群众对改革效果的认同感。

二、加快完善社会主义市场经济体制导致经济环境发生变化

习近平总书记在党的十九大报告中指出：“加快完善社会主义市场经济体制。”“经济体制改革必须以完善产权制度和要素市场化配置为重点，实现产权有效激励、要素自由流动、价格反应灵活、竞争公平有序、企业优胜劣汰。”所有制结构调整是中国经济改革的重要内容，由所有

制结构的变化引起的利益分化是最为实质性的一种利益分化。[①] 一个社会所有制结构的选择，以及一种所有制结构向另一种所有制结构的变迁，首先是经济因素作用的结果，经济发展产生了新的利益主体，新的利益主体为了维护自身利益，就会通过个体或群体的力量对政治系统施加压力，促使政治系统通过政权的力量确定不同利益主体在所有制结构中的地位，保护其平等获取自身利益的权力。市场经济条件下的利益冲突和多元化的利益格局是互动的，多元化的利益格局反映了所有制结构的现状及其发展趋势，而所有制结构的变化又在一定程度上推动社会利益格局的多元化进程。公共决策对社会利益关系的调整，是不同利益主体相互博弈的过程，经过各利益主体的协商和妥协，最后形成现实可行、能够为各方认可的政策方案。

在计划经济体制下，由于单一的所有制结构和绝对的分配主体的存在，整个社会的同质性较高，社会利益结构具有相对稳定的性质。但随着体制的转型，社会利益结构也在不断分化，不同层次、不同部门、不同单位乃至不同的人群，在资源占有、资源获取和社会地位方面的差异日益扩大，其利益目标越来越独立，利益边界越来越明晰，导致社会利益冲突。[②]

党的十九届五中全会对全面深化改革、构建高水平的社会主义市场经济体制进一步指明了方向。中华民族伟大复兴战略全局和世界百年未有之大变局，既给我们带来发展机遇，又让我们面临系列严峻挑战，迫切需要一个更系统、更成熟和更高水平的社会主义市场经济体制扫除发展障碍或提供关键的基础性制度支持。有效推进高质量发展的各项工作并圆满完成目标任务，迫切需要构建更高水平的社会主义市场经济体制以调动微观主体的活力与动力。随着市场经济整合社会的边界扩大以及支持制度体系的变化，今天的市场经济已远不是亚当·斯密当初所设想

---

① 桑玉成. 利益分化的政治时代［M］. 上海：学林出版社，2002：18.

② 李路路. 和谐社会：利益矛盾与冲突的协调［J］. 探索与争鸣，2005（5）：2－6.

的自由市场经济。维护正常经济秩序解决不同市场主体的争端、维护经济安全等市场经济健康运行所需要和依赖的制度体系或文化习俗，是市场经济体制无法自己解决的，需要政府提供有效的支持性制度体系。因此，市场经济体制最新的特征是一种“混合市场经济体制”或称为“有管理的市场经济体制”。在这种背景下，要发挥社会主义市场经济体制对确保经济效率和社会发展目标间协同提升的体制优势，关键在促进政府和市场协同发力；构建高水平的社会主义市场经济体制，必须要在尊重市场在资源配置中起决定性作用的基础上，以国家治理体系和治理能力现代化和完善宏观经济治理为中心打造“有为政府”，更好地发挥政府对市场的支持作用。①

《中共中央国务院关于新时代加快完善社会主义市场经济体制的意见》（以下简称《意见》）指出，社会主义市场经济体制是中国特色社会主义的重大理论和实践创新，是社会主义基本经济制度的重要组成部分。《意见》明确要求，创新政府管理和服务方式，完善宏观经济治理体制，并就完善政府经济调节、市场监管、社会管理、公共服务、生态环境保护等职能，创新和完善宏观调控，进一步提高宏观经济治理能力等提出了具体意见。

加快完善社会主义市场经济体制，以政府为主的公共权力主体在其中发挥着主导作用。从改革开放以来经济体制改革历程看，根源于改革行为背后的利益转移和利益再分配，实际上是社会资源的配置方式和利益分配方式的变化，出于保持社会稳定的考虑，政府倾向于选择渐进式的发展道路，而不会冒险实行激进的改革措施。因此，政府对所有制结构的调整，选择的是一条渐进改革的道路，旧的所有制结构没有突然解体，新的所有制结构也没有迅速建立。在这种新旧力量综合作用所形成的相对稳定的社会环境下，中国经济得到了长足的发展，社会财富总量

① 唐龙．社会主义市场经济体制的发展方向［N］．北京日报，2020－11－23（13）．

稳步增长，为公共决策对公共利益的配置提供了坚实的物质基础。

中国改革长期滞留于过渡经济阶段所形成的三轨制社会资源配置和利益分配方式，这是公共决策利益冲突发生的经济原因。改革开放前，中国社会的资源配置是在国家垄断各种社会资源和财富的“总体性组织”框架中进行的。在这种框架中，社会成员要进入国家控制的活动空间并获得接近国家配置资源的途径，一般要经过两个步骤：一是获得城市或农村户口，二是成为城市单位或人民公社中的一员。只有满足了这两个条件，个人才算被纳入到了这种总体性分配体系之中，才算在所有制结构中获得了相应的位置。改革开放以来，随着政府放松对某些社会资源的垄断，单位对政府依赖的程度降低，个人对单位依附的程度也在减弱，社会资源和财富的分配方式开始由“政府—单位”模式向“市场—社会”模式转变，形成了“三轨制配置方式”，即依附政府的资源配置方式、依附单位的资源配置方式和依附个人能力的资源配置方式。这种“三轨制配置方式”在实际运行中又造成了两种对多数人不太有利的结果：一方面，只要某个社会成员进入到较为有利的单位、行业或者部门，就有机会获得更多社会资源，但这并不必然与其能力联系在一起；另一方面，如果某个社会成员确有能力，也能够获得相应的社会资源，因为资源配置的社会性和流动性，可以使有能力的社会成员通过制造机会或者找到替代性资源来满足自身需要。而这两种结果相对于大部分既没有进入较为有利的单位、行业或者部门又没有突出能力的人来说（也就是对大多数社会成员来说），则造成了一种机会不均等、过程不公平、结果不公正的事实，由此带来的两极分化和贫富悬殊也就自然会加剧社会利益冲突。

三、人民群众利益观念转变导致文化环境发生变化

2012 年 12 月，习近平总书记在广东考察工作时强调，我们要坚持改革开放正确方向，敢于啃硬骨头，敢于涉险滩，既勇于冲破思想观念

的障碍，又勇于突破利益固化的藩篱。思想是行动的先导，只有解决思想观念问题，改革才能厘清思路，扎实推进。思想是行动的先导，在公共决策中，如果公共权力主体的思想不能与时俱进，就很难客观地分析不同利益主体的利益诉求，很难找准社会利益矛盾的症结所在，公共决策的效度和信度也会大打折扣。中国特色社会主义进入新时代，人民群众的利益观也发生了重大变化。计划经济条件下引导人们行为的高度政治化的国家主义利益观逐渐弱化，社会主义市场经济条件下高度实用化的个人主义利益观逐渐增强，人们从“谈利色变”变为积极追求个人利益。在这种社会氛围下，人们的行为模式也有由无私奉献的“利他”取向向以利益最大化为核心的“利己”取向转变的趋势，享乐主义、拜金主义、极端个人主义、急功近利、重利轻义等观念可能抬头，在社会心理上为公共决策的利益冲突埋下了伏笔。

利益观念的变化必然导致社会成员逐利行为的变化。当前，中国社会利益观的变化集中表现为评价人与人之间关系的价值尺度和道德观念的变化，这表现在社会生活中就是缺乏契约伦理和公共道德，表现在与人际交往中就是缺乏平等互利的分工合作精神，表现在市场竞争中就是缺乏诚信意识和共赢思维。价值观的冲突和道德观的混乱最终导致部分利益主体自我利益观念膨胀，逐利行为失范，以至坑蒙拐骗、假冒伪劣、“搭便车”成为其期望的行为模式，这些行为模式不可避免地与社会主流价值体系所倡导的社会主流行为方式发生冲突。

习近平总书记关于《中共中央关于全面深化改革若干重大问题的决定》的说明指出，在深化改革问题上，一些思想观念障碍往往不是来自体制外而是来自体制内。思想不解放，我们就很难看清各种利益固化的症结所在，很难找准突破的方向和着力点，很难拿出创造性的改革举措。因此，公共决策一定要有自我革新的勇气和胸怀，跳出条条框框限制，克服部门利益掣肘，以积极主动精神研究和提出改革举措。政府是由具有个人需要的个体（即政府官员）组成的。公共选择理论认为，人们必须破除凡是国家都会全心全意为公众利益服务的观念，不应视政府为按公众要求提供公共产品和准公共产品的机器，而要看到政府是由个人选出也是由个人组成的。作为个体的人，政府官员也是活生生的、具有自身利益的社会个体，在社会活动中，也有追求自身利益最大化的内在动机。在社会主义市场经济条件下，政府官员的利益观念也在不断变化，与一般社会成员不同的是，政府官员手中握有公共权力，能够支配公共利益的配置过程，如果得不到有效的监督制约，人性的弱点很容易在这里得到张扬，政府官员完全可能利用公共权力谋求个人利益。当政府官员将公共权力作为自身利益的交换条件时，公共权力就被滥用了，“政府利益部门化、部门利益个人化”等现象就发生了；特别是政府寻租、腐败等严重损害了政府形象，导致民众不满、怨恨甚至敌对情绪的发生，造成公共权威流失，加剧了公共决策中个人利益与公共利益、合法利益与合理利益的冲突。

四、利益格局调整导致社会环境发生变化

党的十九届四中全会明确提出，推进国家治理体系和治理能力现代化，把我国制度优势更好地转化为国家治理效能，努力实现“两个一百年”奋斗目标，进而实现中华民族伟大复兴的中国梦。2019 年 11 月 26 日，习近平总书记主持召开中央全面深化改革委员会第十一次会议并发表重要讲话。会议强调，党的十九届四中全会和党的十八届三中全会历史逻辑一脉相承、理论逻辑相互支撑、实践逻辑环环相扣、目标指向一以贯之、重大部署接续递进。党的十九届四中全会不仅系统地集成了党的十八届三中全会以来全面深化改革的理论成果、制度成果、实践成果，而且对新时代全面深化改革勾勒出更加清晰的顶层设计。要以坚持和完善中国特色社会主义制度、推进国家治理体系和治理能力现代化为主轴，增强以改革推进国家制度和国家治理体系建设的自觉性，突出制度建设这条主线，继续全面深化改革，既要排查梳理已经部署各项改革任务的

完成情况，又要把十九届四中全会部署的重要举措及时纳入工作日程，抓紧对党中央明确的国家治理急需的制度、满足人民对美好生活新期待必备的制度进行研究和部署，实现改革举措的有机衔接、融会贯通，确保取得扎扎实实的成效。改革已建立制度框架的，要对照党的十九届四中全会精神继续巩固完善，建立长效机制；正在探索的要狠抓攻坚克难，实现突破，做好总结提炼、形成制度安排；有待谋划推出的，要大胆改革创新，及时研究制度方案。制度是关系党和国家事业发展的根本性、全局性、稳定性、长期性问题，全面深化改革的总目标就是完善和发展中国特色社会主义制度，推进国家治理体系和治理能力现代化。治理效能是制度在治国理政中发挥出来的综合效果，具体呈现在经济、政治、文化、社会、生态等诸多领域之中。具体到公共决策领域，治理现代化的效果体现为决策科学、政策执行有力、政策实施达到预期效果、人民群众对公共权力高度认同等多个方面。

制度归根到底属于上层建筑，会随着经济基础的变化而变化。因此，任何制度的稳定都是相对的，是在不断调整完善的过程中实现的。各国的改革经验表明，根据利益关系、调节对象、环境条件等的变化，主动调整制度，有利于打破既得利益格局，激发社会活力，可持续地发挥制度绩效。① 治理是制度运行的实践和结果，涵盖从制定到实施的全过程。全面深化改革需要综合发挥制度体系的作用。一种新的制度安排必然导致社会利益分化，社会利益分化的结果往往是加剧社会利益冲突。改革开放以前，中国社会是一个利益分化程度很低、社会成员自身利益丧失的“总体性社会”。政府对各种社会资源进行全面的垄断性控制，政治、经济和意识形态高度重叠，互相制约，形成了纵向的“国家—民众二层结构”。②

---

① 杨雪冬．推进全面深化改革 把制度优势转化为治理效能［N］．辽宁日报，2019－12－17（5）．

② 中国战略与管理研究会社会结构转型课题组．中国社会结构转型的中近期趋势与隐患［J］．战略与管理，1998（5）：1－16．

改革开放以来，中国“总体性社会”利益格局发生了极大变化。在市场机制驱动下，以产权变迁、资源配置体制变更、制度重新安排等为主要内容的社会改革开始启动，社会利益关系得到调整，导致了“自由流动资源”和“自由活动空间”的出现，并增加了导致一个新的公正的社会状态的机会。① 新兴社会利益主体的成长壮大，不仅为原来单一所有制结构注入了改革的活力，更对新的社会利益格局的形成提出了要求，提供了可能。在新的社会利益格局中，新兴社会利益主体作为社会经济生活的重要参与者，给现存的制度安排提供了结构上的变革资源，他们的经济行为和利益诉求可能在“成本—收益”的不均衡变动中推动制度安排的再变迁。

改革开放以来，中国社会出现了一大批新兴利益群体。这些利益群体中，大多数是通过诚实劳动、合法经营而发展起来的，但不可否认的是，也有一些人不是通过正当、合理途径获取利益的，而是利用市场经济体制的不健全或依赖政治权力获取利益的。这表明社会利益分化本身就具有某种不公平的因素。同时，新兴利益集团由于缺乏成熟规制的约束机制，在一定程度上显现出一种自利或扭曲的暴富心态，作为改革的受益者，他们大多不肯按照“卡尔多标准”② 对承担了改革成本的利益受损者做出应有的补偿，这就导致了社会的不公，任其发展，将危害党的执政根基。收入差距过大，贫富不均，已成为我国社会面临的突出的矛盾。

以全面深化改革增强中国政治体制的能力，从而在有效解决中国发展和改革中存在的障碍基础上实现共同富裕，是中国特色社会主义新时

---

① 桑玉成．利益分化的政治时代［M］．上海：学林出版社，2002：22－23.

② 著名福利经济学家卡尔多认为，“任何潜在的变动都要以下的测验：要问所有因革新结构受到有害影响的人，认为革新给他们带来的不便最低要多少货币的补偿。同样，也要问所有因革新获得的人，估计最高意愿让出多少钱而又不放弃已得的利益。只要后者的总和大于前者的总和，就可以断定这是社会合意的革新。”这就是改革过程中利益再分配的“卡尔多”标准。参见：［美］鲍莫尔．福利经济与国家理论［M］．郭家麟、郑学齐译，北京：商务印书馆，1982：124.

代走向共同富裕的政治逻辑所在。共同富裕是社会主义本质的构成要素，中国特色社会主义的前途命运同中国共产党领导的治国理政能够实现共同富裕有着密切的关联，因此在中国特色社会主义新时代须以实现共同富裕为基本目标。在中国改革开放取得巨大成就的背景下，实现共同富裕的目标变得更为重要，因此改革开放以来形成的共识型改革必须提升到基于全面深化改革与实现共同富裕的新时代共识型改革。共同富裕是对当前中国社会主要矛盾的集中回应；以有效解决中国社会主要矛盾为主线的全面深化改革，同样也是实现共同富裕的必由之路。实现共同富裕当然要以社会生产力的更大发展为基础，但是物质基础的丰富并不能自动带来共同富裕的实现，共同富裕的目标有赖于政治上层建筑的关键作用，这就是遵循公平正义的原则改善利益整合过程，提高政策保障公民福利的效果。①

具体到公共决策领域，公共权力主体对公共利益的权威性配置，还面临着人民群众诉求量大面广、自身可支配资源有限、社会力量参与不够等现实问题。比如，当前我国经济社会运行存在一些不协调因素，表现在政府审批过多、市场监管不力、区域保护严重、产能过剩突出、生态环境恶化等。这些问题，从表面看这些是经济社会运行的正常现象，是政府与市场的管理问题；从深层次看则是体制、机制、观念上的问题，是经济运行、市场治理还没有完全走上现代化轨道的缘故。这就要求政府转变职能，深化行政体制改革，创新行政管理方式，健全宏观调控体系，加强市场监管，优化公共服务，当国家治理体系与治理能力真正步入现代化的道路之后，就会在各个领域改变人们的观念，养成社会各个主体依法行事的习惯，从而促进整个社会的健康发展，公共决策对公共利益的权威性配置也就有了坚守的社会基础。

---

① 汪仕凯. 走向共同富裕：全面深化改革的政治内涵［J］. 探索，2019（3）：21－27.

第四章　全面深化改革背景下公共决策的利益整合

民众有所呼，改革有所应。改革当中进行利益调整的目的，就是要维护社会公平正义、增进人民福祉，使发展成果更公平地惠及全体人民，从而让人民群众有更多的获得感和幸福感。① 在全面深化改革进程中，公共决策环境充满了不确定的因素，公共权力主体对公共利益的权威性配置，面临着错综复杂的利益矛盾和利益冲突，如果处理不当，就可能导致社会动荡。充分发挥公共决策的利益整合功能，使公共资源得到合理配置，使社会利益格局保持整体稳定，是公共决策的重要使命。

第一节　公共决策利益整合的目标定位

全面深化改革背景下公共决策利益整合的基本目标应当是，维护社会公平正义、增进人民福祉。要实现这一目标，公共决策就要始终坚持以人民为中心，从社会整体利益和长远利益出发，保障社会成员的合法权益，杜绝平均主义和不合理获取社会财富的可能性，使社会成员利益

① 韩保江. 人民利益最大化始终是全面深化改革的根本遵循［N］. 光明日报，2017-9-26(13).

差距控制在与生产力水平相适应、社会大多数成员能够理解和认同的限度，构建公正合理的、能够激励社会成员致力于经济建设和社会进步的利益获取机制，最大限度地实现、维护和发展最广大人民群众的根本利益，为中国特色社会主义提供强大动力。

一、进一步提升公共权威

权威是主体运用权力调控人们行为的过程中所形成的威望和影响力。公共权威是公共权力主体行使公共权力管理社会公共事务过程中所形成的威望和影响力。公共权威主要指政府的权威，特别是中央政府的权威，同时也包括作为公共意志象征的法律、制度、政策等的权威。任何公共决策都需要公共权威，否则，决策系统就不能正常运转，特别是处于改革阶段的社会管理更是以权威为基础和保障的。纵观“后现代化”国家社会转型的历史，保持全国性公共权威制度所造成的优势，以对付经济、文化和社会的迅速变迁以及广泛的公民政治参与所带来的压力和挑战，这是至关重要的。①

在公共决策中，政府承担着将具有利益差别和处于利益冲突状态的个人、群体整合到一定社会秩序内的功能。全面深化改革，需要坚强有力的领导核心。在公共决策领域，保持公共决策系统强有力的公共权威显得尤为重要。中国的改革开放是一个赶超型的现代化过程，特别需要安定团结的社会环境，而社会的安定团结有赖于强有力的政府，只有政府有足够的向心力和凝聚力，才能将具有不同利益要求的多重利益主体团结在一起，形成强大的合力，有效应对国际竞争。同时，利益的分化导致了社会的分化，经济发展的不平衡和不合理的利益获取现象的存在（如打政策擦边球、政府寻租），导致民众对公共权力系统的不满、质疑甚至仇视，导致公共权威的流失，给社会发展带来潜在危机。

---

① 任维德. 中国社会转型时期的公共权威转换与重塑［J］. 内蒙古大学学报（人文社会科学版），2000（1）：1－5.

马克斯·韦伯把权威分为三种基本类型：一是传统型权威，以传统的不可侵犯性和执行这种权力的人的地位的正统性为依据，建立在“权力的威严是从历史继承下来并将永远存在”这一信念的基础之上；二是个人魅力型权威，以领导者个人的特殊品质和能力以及由此形成的感召力为基础，直接表现为对个人的崇拜和迷信；三是法理型权威，以理性的选择和法律的程序为原则，其主要特征是依法行政和按章办事。

改革开放以前，中国的公共权威属于超凡的个人魅力型权威。这种权威的力量最初来自领袖个人的经历、学识、魄力、声威等因素，并在其发展过程中受到政治系统强力的支持，通过意识形态的灌输和政治运动的开展得到不断强化，致使民众发自内心地信赖、支持和崇拜，最终走向迷信的极端。在特殊的社会历史条件下，领袖个人至高无上的权威内化为高度集权的决策体制的精神依据，以言代法、以权凌法等现象普遍存在，抽象的国家利益涵盖了社会的其他利益形式，剥夺了不同利益主体追求自身利益的权利，掩盖了社会利益主体的矛盾和冲突，在一定程度上限制了人民群众积极性的发挥。

改革开放以来，伴随着对个人崇拜、迷信和高度集权体制的否定，公众对政治权威的逆反心理和反叛意识逐渐加强，原有的全能主义的个人魅力型权威在民众心目中的地位下降，公共权威在社会管理领域出现“失灵”的情况；同时，经济改革的深入进行和社会主义市场经济体制的逐步确立，进一步动摇、瓦解了个人魅力型权威的社会基础。原有个人魅力型权威逐渐弱化，新型公共权威尚未得到民众发自内心的衷心拥护，中国社会管理的一些领域出现了“权威真空”，危及政府对社会公共事务的有效治理。

当前，改革正进入攻坚期和深水区，各种思想文化相互激荡，各种矛盾相互交织，各种诉求相互碰撞，各种力量竞相发声，推进改革的敏感程度、复杂程度前所未有。在公共管理领域，行政体制改革是推动上层建筑适应经济基础的必然要求，要深入推进政企分开、政资分开、政事分开、政社分开，健全部门职责体系，建设职能科学、结构优化、廉洁高效、人民满意的服务型政府。人民满意不满意是衡量公共决策效果的最高评价标准，也是衡量公共权力主体权威的最高评价标准，公共决策要坚持以人为本、决策为民，打破利益藩篱，在服务中实施管理，在管理中实现服务，不断致力于扩大公共产品和公共服务的有效供给，让发展成果更多更公平地惠及全体人民，让人民群众有更多获得感。

二、进一步优化社会利益格局

改革所涉及的问题往往是利益问题，全面深化改革的过程，说到底就是社会利益关系深刻调整的过程。与改革开放相伴的社会转型实际上就是社会利益关系的调整，是旧的利益格局瓦解和新的利益格局形成的过程。中国特色社会主义进入新时代，我国社会主要矛盾已经转化为人民日益增长的美好生活需要和不平衡不充分的发展之间的矛盾。“人民日益增长的美好生活需要”这一新的表述，准确地表达了人们在改革开放以来取得重大成就的基础上，在经济、政治、文化、社会、生态和党的建设等各个领域，都充满了对未来生活的美好希冀。发展的不平衡，主要体现在经济领域。从宏观上讲，主要体现在社会生产关系中区域财富占有和收入分配方面的差距上；从微观上讲，主要体现在人与人之间财富占有和收入分配方面的差距上。而发展的不充分，则主要体现在民主、法治、公平、正义、安全、环境等方面发展的不充分上，体现在其相互之间关系的不充分不协调上。这种发展上的不平衡不充分，已经成为满足人民日益增长的美好生活需要的主要制约因素。从“人民日益增长的物质文化需要”到“人民日益增长的美好生活需要”的转变表明，经过多年的艰辛奋斗，人民美好生活需要的品质更高、范围更广，不仅是对物质文化生活提出了更高的要求，而且在民主、法治、公平、正义、安全、环境等方面出现了多样化、更高层次的要求，人民群众对于共享改革发展成果的要求越来越凸显、越来越强烈。比如，广大人民群众对党内和社会上存在的严重腐败现象不满，对收入分配差距过大的担忧，对青山绿水和蓝天白云的渴求，对住房、教育、医疗、养老等切身利益的关注等。① 在公共决策中，如果不正视社会主要矛盾变化这一客观现实，就无法回应人民群众的利益诉求，就无法实现“善治”，公共领域的社会矛盾就会越积累越多、越来越复杂，最终危及社会稳定。

社会利益阶层结构的形成与变化，主要与经济社会发展过程中资源配置方式和机会获得情况有关，我国自改革开放以来就出现了一个社会利益阶层结构深刻变化的过程。在这个过程之中，“中产阶层”的出现并开始逐步占据主导地位，以及阶层利益的凸显与相对固化，使得国家和社会的利益调节作用变得越来越重要。随着经济社会发展水平的逐步提高，我国的产业结构与就业结构已经发生了巨大的改变，从事管理和各种专业技术的人员逐步开始在整个社会阶层结构中占据主导性的地位，而中产阶层也正是主要由这部分人员和群体所构成的，随着社会阶层结构的日益清晰和多元化，分属不同社会阶层的利益也开始出现了凸显与固化的趋势，即不同群体开始有了差异化的利益诉求，而已经取得的属于特定群体的利益也会由于资源和机会的代际传递而得以延续。② 社会利益群体与利益格局的结构性转变，人民群众利益诉求的多元化和多样性发展，对公共决策提出了更高的要求。在全面建设社会主义现代化国家新征程中，公共权力主体要充分发挥公共决策的利益整合功能，维护社会公平正义，增进人民福祉，使发展成果更公平地惠及全体人民，让人民群众有更多的获得感和幸福感。就当前中国社会利益关系的实际状况看，公共决策要积极发挥自身利益整合功能，促进全社会形成公平正义的利益格局。公正是在社会内部体现出来的社会关系，以劳动为最高

① 李慎明．正确认识中国特色社会主义新时代社会主要矛盾［J］．红旗文稿，2018（5）：7－12.

② 张向达、姜洋、梁超．新时代社会治理结构——利益调整机制研究［J］．科学决策，2020（6）：88－101.

的、不可逾越的界限，是在一定社会范围内通过对社会资源的公平合理分配而使每个成员得其所应得。公正观念的本质是对一定人际关系、权利和义务关系的反映，反过来又作为评判标准和价值尺度影响和决定着人们的社会活动。在公共决策中，社会公正是公平和正义的有机统一。公平是指政府按同一原则或标准提供公共物品和公共服务，并通过维护市场规则，使社会成员所得与所付出相称，杜绝平均主义、大锅饭、不劳而获、劳而不获等不合理的利益分配现象；正义是指对弱势群体的特殊照顾，维持其基本生活需要。

在全面深化改革的过程中，公共决策必须以公平正义为基本利益取向，重点致力于建立公正合理的利益分配机制。一是保证人民的基本权利，人民可以凭借自身知识、能力、诚实劳动、合法经营等获取利益，公共权力主体不能以任何名目和理由对个人获取自身合法利益的平等机会进行限制；二是按照效率原则分配经济活动产生的利益，坚持按劳分配，鼓励个人通过诚实劳动、合法经营获取自身利益，促进个人财富之和最大化，从而增加社会财富总量，夯实人民日益增长的美好生活需要的基础；三是为社会成员提供最低生活保障和最低发展保障，使人人都能享受经济发展和社会进步的好处，并随着社会财富总量的积累而提高社会成员的需求满足标准；四是对社会弱势群体（如农民、低收入者、残障人士等）给予额外的利益补偿，及时化解社会矛盾和社会冲突，维护社会稳定。

三、进一步完善人民内部矛盾协调机制

《中共中央关于坚持和完善中国特色社会主义制度　推进国家治理体系和治理能力现代化若干重大问题的决定》要求，“完善正确处理新形势下人民内部矛盾有效机制。坚持和发展新时代‘枫桥经验’，畅通和规范群众诉求表达、利益协调、权益保障通道，完善信访制度，完善人民调解、行政调解、司法调解联动工作体系，健全社会心理服务体系

和危机干预机制，完善社会矛盾纠纷多元预防调处化解综合机制，努力将矛盾化解在基层。”这是在理念、内涵、方法、机制上对于正确处理人民内部矛盾理论的丰富和发展，于公共权力主体而言，要正确认识和处理新形势下人民内部矛盾，以理论自觉保证行动自觉，使得治理理论转变为有效机制进而转化为治理效能，为推进国家治理体系和治理能力现代化凝心聚力。

当今世界面临百年未有之大变局，国际国内环境发生深刻复杂变化，各种风险挑战明显增多，但人民内部矛盾仍然是影响社会稳定的重要因素；特别是我国社会正处于从跨越“中等收入陷阱”向高收入国家迈进的关键阶段，因贫富差距、环境保护、劳动就业、社会保障、教育医疗等利益问题引发的矛盾的纠纷不断增多，成为影响社会稳定很突出、处理起来很棘手的问题。只有不断完善正确处理新形势下人民内部矛盾的有效机制，最大限度地减少不稳定因素，最大限度地增加和谐因素，最大限度地激发社会活力，才能有力地保障改革发展稳定大局。① 公共决策对公共利益的权威性配置涉及经济、政治、文化、社会、生态等多个领域，每个领域都会涉及正确处理人民内部矛盾的问题。进一步完善正确处理新形势下人民内部矛盾有效机制，是完善社会治理制度的重点内容，是提高社会治理能力的重要保障，更是提高国家治理能力的具体要求。只有不断完善正确处理新形势下人民内部矛盾的有效机制，进一步提高公共权力主体在政治沟通、利益协调、社会整合等方面的能力，才能更好地把我国制度优势转化为治理效能，助推国家治理体系和治理能力现代化。

从公共管理的角度看，社会治理的最高境界是防患于未然、治病于未病，进一步完善人民内部矛盾协调机制，从源头抓起，把矛盾化解在萌芽状态，才能最大限度地防范社会矛盾。“枫桥经验”的精髓，就在

---

① 陈一新．完善正确处理新形势下人民内部矛盾有效机制［N］．人民日报，2019－12－9（9）．

于将社会矛盾化解在基层，实现“小事不出村、大事不出镇、矛盾不上交”。[1] 在公共管理领域，许多社会矛盾是可以从源头上加以防范化解的。要完善科学、民主、依法决策机制，健全社会公示、公众参与、专家论证、风险评估、合法性审查等制度，使公共决策尽可能吸纳各方意见、兼顾各方利益，防止因决策不合理而埋下矛盾隐患；特别是要畅通和规范群众诉求表达、利益协调、权益保障通道，及时回应群众合理诉求，依法保障群众合法权益，防止因损害群众利益而引发社会矛盾。

第二节　公共决策利益整合的价值取向

公共决策对社会利益关系的调整，需要政府以一定的标准进行取舍，以有效增进公共利益，维护社会秩序，促进社会进步。在全面深化改革进程中，政府在公共决策中需要重点坚持以人民为中心、坚守公共理性、追求善治三种价值取向，三种价值取向有机地统一于公共决策利益整合的全过程。

一、坚持以人民为中心

为什么人的问题，是检验一个政党、一个政权性质的试金石，也是引导公共决策价值取向的航标。坚持以人民为中心，是习近平新时代中国特色社会主义思想的重要内容，贯穿于习近平新时代中国特色社会主义思想的各个方面，具有丰富而深刻的思想内涵，是公共决策的基本价值取向。人民是历史的创造者，是社会发展的推动者。公共决策坚持以人民为中心，就是要始终坚持全心全意为人民服务的根本宗旨，始终把人民所需所求所盼作为根本立场，始终把最广大人民的根本利益作为工

① 黄文艺．完善正确处理新形势下人民内部矛盾有效机制［N］．学习时报，2020－8－17（1）．

作的根本出发点和落脚点。民之所望，施政所向。坚持以人民为中心不仅要体现在治国理政理念上，而且要转化为施政的具体举措。当前，公共决策在着力解决好发展不平衡不充分问题的基础上推出更多民生工程、实施更多惠民举措，更好地满足人民在经济、政治、文化、社会、生态等方面日益增长的美好生活需要。知屋漏者在宇下，知政失者在草野。公共决策要倾听群众声音、反映群众诉求、接受群众监督，让人民评价决策成效，让人民群众获得更多实实在在的利益，不断提升人民群众的获得感和幸福感，进一步赢得人民群众的认可和支持，从而汇聚起进行伟大斗争、建设伟大工程、推进伟大事业、实现伟大梦想的磅礴伟力。①

人民群众是历史的创造者。人民群众作为历史唯物主义的一个重要范畴，是指推动历史发展的绝大多数社会成员的总和。在现阶段，就是指全体社会主义劳动者、拥护社会主义的爱国者和拥护祖国统一的爱国者。公共决策坚持以人民为中心，就是要以人民群众的意愿、期望和要求作为公共决策的出发点和归宿。坚持以人民为中心这一利益整合标准，必须明确公共权力主体的具体服务对象，把握人民群众的需要结构，提高人民群众的获得感、幸福感。明确公共权力主体的具体服务对象究竟是谁，这是公共决策究竟选择何种利益取向必须回答的首要问题，对这一问题的回答，直接关系到公共决策的目标取向、方案选择，直接决定着公共决策的合法性程度。我们的政府是人民的政府，公共权力来源于人民，服务于人民，公共决策必须始终坚持以人民为中心，并根据这一根本价值观不断完善自身权力运行机制。

政府权威的高低、人民群众对政府的拥护程度直接取决于政府满足人民群众美好生活需要的程度。政府越能满足人民对美好生活的向往，人民群众就越拥护政府，政府的权威也就越高。公共决策要满足人民对美好生活的向往，首先要把握人民群众美好生活需要结构。在全面深化

---

① 孙大海. 始终坚持以人民为中心的价值追求［N］. 人民日报，2017-10-23（14）.

改革进程中，随着社会经济的发展和改革的推进，人民群众的民主观念和权利意识日渐觉醒，公共决策的公共性逐渐成为社会的共识，成为人民群众的期望。在这种情况下，人民群众对自身利益的诉求方式、内容和心理均发生了重大的变化。政府必须积极回应这种变化，探索人民群众美好生活需要结构变化的动向和规律，把握人民群众需要的多样性、层次性、动态性、可满足性和可融合性，及时察觉和捕捉人民群众的需要，为制定、完善政策方案提供依据。

人民群众满意度是公共决策绩效水平与人民群众期望值的比较度，直接反映公共决策利益整合的效度。提高人民群众满意度就是要把人民群众的满意度作为公共决策利益整合的根本使命贯彻于公共决策的各个环节，体现在公共决策的各个领域。在公共决策中，公共权力主体必须致力于扩大公共物品的有效供给，有效增进民众的实际利益；同时，政府要处理好民众利益与公共利益、国家利益的关系，处理好当前利益与长远利益的关系，促进经济社会协调发展，通过增进社会整体利益为民众谋取更多利益。

二、坚守公共理性

公共理性是公共领域的理性，是关于公共利益及其实现的制度安排的理性。公共选择理论认为，公共选择过程的起点，是全体社会成员的各种可能的对各种事物及政策的“喜好”——被称为“个人偏好”，即个人对任何两种可供选择的社会状态的重要性的排序；公共选择过程的终点，是卢梭的所谓“公意”——不同于“私意”和“众意”。① 在社会生活中，个人在追求自身利益时，总是理性的（表现为追求自身利益最大化），按照曼瑟尔·奥尔森的观点，个体的理性往往导致集体的非理性，为此，他设计了一种动力机制——“有选择性的激励”，以解决

① 汪丁丁．怎样评价改革［EB/OL］(2006-02-14)［2007-03-12］. http：//www. blogchina. com/new/display/120272. html.

这一矛盾。[①] 公共理性（公意）正是个体理性（私意）让渡的结果，是长期民主社会生活所形成的一种理性能力，是公民在民主政治生活中应有的一种政治思维能力，也是一个国家、一个政府在应用国家权力和公共权力时所应有的理性，因而构成了现代政治文明的基础。因此，“公共理性是政治行为文明的理性的思想基础，是正义宪法的理性基础。”[②]

公共理性是公共权力主体所具有的一种理性能力，具有理性的一般特征，需要通过概念、判断、推理等逻辑形式，并借助一些“真”的命题或是常识、惯例、传统等被人们公认的“真理”去进行归纳和演绎。公共理性又是公共的理性，其目标是公共的善和根本性的政治正义问题，其本性和内容是公共的，由公共推理表现出来，这种推理过程是通过一组政治正义的合理性概念进行理智思考去满足相互性标准的。

在公共决策中，公共理性是政府行使公共权力所坚持的价值标准，公平意识、诚信理念、公共利益观念是其基本准则。按照新政治经济学的观点，由一系列“不可能性定理”[③] 规定了社会之为整体在“理性”“正义”“自由”这三个重要维度上可能达到的界限——这一界限依赖于社会成员的偏好，以及这些偏好之间达成一致和形成冲突的程度，而社会成员的偏好，又取决于他们在何种程度上能够参与公共决策过程，取

---

① ［美］曼瑟尔·奥尔森．集体行动的逻辑［M］．陈郁、郭宇峰、李崇新译，上海：格致出版社，上海人民出版社，2011：70－74.

② 谢金林．公共理性与现代政治文明［J］．江西广播电视大学学报，2005（3）：4－7.

③ 1951 年，福利经济学家阿罗（K. J. Arrow）在 <Social Choice and Individual Values> 一文中提出了一个一般可能性定理（General Possibility Theorem），指出：对于特殊的只有三种状态的选择情况，要从个人偏好推导出社会偏好，需要满足一些合理化的条件，而能够同时满足这些合理化条件的社会选择机制是不存在的。因而，阿罗的这一定理也被称为不可能性定理。为论证这一观点，阿罗提出一个合理的群体可排规则（他沿用福利经济学中的术语称它为社会福利函数）应该满足一组理性的条件（或称阿罗公理），即正相关性条件、无关方案独立性条件、帕累托原则和非独裁性条件，这四个条件是对一个理性的群体可排规则的适当和合理的要求。（参见：K. J. Arrow. Social Choice and Individual Values. New York，Wiley：1951.）在群体决策中，群体中多数人的偏好即为群体偏好。事实上，我们不可能在每件事上都称心如意，如果我们希望每个人的偏好可任意选择，而加总规则满足帕累托性质，并且社会对任意两个备选对象的偏好仅依赖于个人对这两个对象的偏好，那么我们就面临一个两难选择：要么放弃社会偏好在某种意义上是理性的希望，要么接受独裁。(参见：胡毓达《群体决策的不可能性定理和多数规则》，《科学》2004 年第 6 期。

决于他们在何种程度上享有自由表达自身利益诉求的权利，取决于他们的利益诉求在何种程度上被政治系统、社会舆论、个人体验及其所处社会环境的主要事件所影响和重塑。因此，公共理性涉及政府理性处理的对象，即与大多数社会成员相关的公共问题。政府不能像处理私人事务那样追求自身利益最大化，而必须从公共利益出发，按照有效增进公共利益、扩大公共物品有效供给的原则提出政策方案，并通过拓宽公民参与途径来完善政策方案，提高公众对政治系统的理解、支持程度，提高公共政策的信度和效度。

在一个利益多元化的社会，利益结构往往是一种弥散性的分层结构，社会资源并不为某一方所独占，不同利益主体之间既有竞争，也有合作，是相互牵制的。由于各利益主体谁也无法控制谁，谁也无法消灭谁，无序竞争可能造成自身利益的消耗，甚至会威胁社会稳定。为了保持社会稳定，各方利益主体往往会相互妥协、让步，创造一个和平有序的环境来维护自身利益。按照亨廷顿的观点就是，“经济发展产生了更多的公共资源和私人资源可供在各个团体中分配。政治变得越来越不是你死我活的零和游戏。因此，妥协和宽容都得到提倡。”① 在公共决策中，公共理性正是通过一个公共协商的过程来解决利益多元与利益共识之间的矛盾，使利益观念、利益标准、利益取向等方面存在分歧的不同利益主体之间能够就某个公共问题达成一致。这里，公共协商过程具体包括利益表达、利益辩论、利益选择、利益整合等环节。

三、追求善治

“更少的统治，更多的治理。”20 世纪 90 代以来，在西方政治学界，“治理”“善治”理论开始成为指导公共管理实践的一种新理论，对公共决策产生了深刻的影响。

---

① ［美］塞缪尔·亨廷顿．第三波——20 世纪后期的民主化浪潮［M］．刘军宁译，上海：上海三联书店，1998：4.

“治理”是有别于政府管理的社会公共管理，它强调的是公共组织运用公共权威维持社会秩序，增进公众利益。治理强调的是政治国家与社会的合作、政府组织与非政府组织的合作、公共机构与私人机构的合作、强制与自愿的合作。治理是一个上下互动的管理过程，主要通过合作、协商、伙伴关系、确立认同和共同的目标等方式实现对公共事务的管理。治理的实质是建立在市场原则、公共利益和认同之上的合作，它所拥有的管理机制主要不是依靠政府的权威，而是依靠合作网络的权威，其权力向度是多元的、相互的，而不是单一的、自上而下的。①

治理的最终目标是实现善治。善治实际上就是民主治理，是使公共利益最大化的社会管理过程，其本质特征，就在于它是政府与人民群众对社会公共生活的合作管理，是政治系统与社会系统的良性互动，是二者利益关系保持动态平衡的最佳状态。善治强调多中心的、自主的权力主体通过协商合作等方式达成决策方案并实现对社会公共事务的有效治理，具有合法性、透明性、责任性、法治、回应、有效、稳定等基本特征。

善治强调政治系统与市民社会的互动，强调公共利益的合理配置，强调非政府组织功能的有效发挥，强调公民自治，反映了民主政治对公共决策的内在要求，体现了社会主义政治文明发展的方向。对于公共决策来说，善治是一种目标追求，是一种理想模式，必将导致公共管理模式的巨大变迁（如政府治道变革、决策机制优化、决策理念更新等）。随着全球化、信息化时代的到来，公共管理结构将是多中心的、自主的、分工合作的结构，当代民主发展也呈现出由政治民主向决策民主过渡的趋势，社会力量在新的治理结构中将发挥着越来越重要的作用，非政府组织、社会精英以及公民团体等作为公共决策的重要参与者，在公共决策中的地位和作用将日益重要。

① 俞可平．治理和善治：一种新的政治分析框架［J］．南京社会科学，2001（9）：40－44．

第三节　公共决策利益整合的路径选择

公共决策对不同利益诉求进行整合的过程，实际上就是“对社会上各种各样的利益要求进行筛选、分类、合并的过程”。① 通过整合，从不同利益诉求中归纳出大多数社会成员共同的、根本的、能够理解和认同的利益要求，从而确定公共决策的利益取向，确定公共利益的配置方向。全面深化改革进程中，公共决策利益整合是一项复杂的系统工程，公共权力主体必须坚持以经济建设为中心，坚定不移地贯彻创新、协调、绿色、开放、共享的新发展理念，促进社会经济持续快速健康发展，明确自身角色定位，优化公共决策利益协调机制，优化公共决策制度环境，为奠定全面建设社会主义现代化国家的坚实基础打开新局面、构建新格局。

一、加快推进政府职能转变

党的十九大报告从我国发展进入新时代的历史方位出发，对深化行政体制改革、转变政府职能作出重要部署，强调要“深化简政放权，创新监管方式，增强政府公信力和执行力，建设人民满意的服务型政府”。加快政府职能转变是全面深化改革的重要内容，其目标是全面正确履行政府职能，核心是处理好政府与市场关系。转变政府职能必须科学界定政府职能，必须深化行政体制改革，创新行政管理方式；必须以加强党的领导、完善民主政体、优化政府组织结构为保障。政府职能关联经济、政治、社会、文化、生态建设等各方面，行政改革具有广泛性、联动性的特点，直接关联其他领域改革的推进，加快政府职能转变是推进全面

① 王春福. 和谐社会与公共政策的利益协调机制［J］. 学术交流，2006（1）：120－124.

深化改革的重要内容。

2021年6月28日，国务院召开全国深化“放管服”改革转变政府职能电视电话会议，提出了今后一个时期深入推进“放管服”改革的战略部署和具体要求。简政放权、放管结合、优化服务改革是一场刀刃向内的政府自身革命，是推动政府职能深刻转变、极大地激发市场活力的战略举措，是一场涉及理念、体制机制、工作方式的深刻变革。适应新时代要求，公共行政要以深化“放管服”改革为抓手，加快推动政府职能转变。

（一）有效激发市场主体活力

改革开放以来，我国逐步建立和不断完善社会主义市场经济体制，市场体系不断发展，各类市场主体蓬勃成长，成为经济活动的主要参与者、就业机会的主要提供者、技术进步的主要推动者。经过多年的高速增长，我国经济发展面临的国内外形势发生了深刻变化，经济下行压力持续加大。新时代要保持经济持续健康发展，必须稳中求进，由高速增长转向高质量发展。当前，不少企业面临资金紧张、成本上升、需求萎缩等重重压力，要靶向施策、精准发力，确保各项措施直达基层、直接惠及市场主体。保市场主体，关系广大企业的生存发展，关系人民群众的就业，关系经济社会发展基本盘，对于做好“六稳”工作、落实“六保”任务，具有打基础、固根本、稳预期的重要意义。推动经济高质量发展需要调整经济结构、转换发展动能、营造公平发展环境、促进经济转型升级。站在“两个一百年”奋斗目标的历史交汇点上，公共管理要从国情出发，以“放管服”改革为抓手，深化行政体制改革，转变政府职能，构建现代化治理体系，服务于经济社会发展大局。新的经济发展要求深化“放管服”改革，优化市场发展环境。简政放权、放管结合、优化服务可以有效激发市场活力、加快新旧动能转换、增进社会公平正义、促进经济社会发展。政府要切实打破各种“卷帘门”“玻璃门”“旋转门”，全面实施市场准入负面清单制度，支持企业更好地参与市场合作和竞争。为了适应经济高质量发展的新要求，推进供给侧结构性改革，推动经济转型升级，公共决策应进一步从制度上、整体上降低企业成本，增加实体经济吸引力与竞争力，营造良好的市场发展环境。

（二）有效界定政府边界

市场是资源配置最有效率的形式。市场在资源配置中能否发挥决定性作用，取决于政府的职能转变。只有厘清政府与市场的边界，更好地发挥政府的作用，才能从根本上扭转政府越位、错位、缺位问题，保障市场有效运行，弥补市场失灵。“放管服”改革是一场旨在推动政府职能转变，重塑政府与市场关系的政府自身革命。在全面深化改革，推进治理现代化的进程中，“放管服”改革在推动政府职能转变上需要迈出更大的步伐，明确政府的职责范围，从理念、体制、方式上实现从传统管制、管理向治理的转变，切实将政府的工作重点转到提供优质公共服务、维护社会公平正义上。深入推进“放管服”改革必须坚持发挥中央与地方两个积极性，实现上下联动，有序推进。“放管服”改革是一项系统工程，涉及简政放权、放管结合、优化服务等多领域改革，必须统筹规划、协同推进、形成合力。“放管服”改革不是简单的放权，放任不管，而是更加强调改革的综合配套性，实现系统优化，打好放权、监管、服务的组合拳，增强改革的整体性、协同性，更加强调放权之后的监管，避免出现“一管就死、一放就乱”的现象。从公共决策角度看，不论是简政放权还是放管结合，其最终的目标都是优化服务，提高公共决策效能和公共服务质量。

（三）突破利益固化藩篱

简政放权是深化行政体制改革的核心问题。“放管服”改革触及深层次利益和矛盾，只有从源头出发，重点推进行政审批制度、清单制度、税费制度改革，才能做好后续的监管和服务。在建设现代化经济体系的背景下，迫切需要加强监管创新，以营造公平竞争市场环境，推动经济高质量发展。深化“放管服”改革需要全面推行“双随机、一公开”监管、综合监管、信用监管、智能监管等举措，创新监管方式。“放管服”改革的最终落脚点在于优化服务，建设人民满意的服务型政府。在信息技术高速发展的今天，要实现政务服务的转型升级，必须线上线下打通最后一公里。要以用户需要为核心重塑服务理念，满足人民群众日益多元的公共需求。以提高效率为核心再造政府办理流程，将分散的审批和服务事项进一步集中、整合，合理规划网上和窗口办事环节，优化服务体系。以综合服务为核心打造政务服务平台，建立纵贯各级政府，横向互联互通的综合服务平台，实现统一平台、统一标准、统一管理，“一网通办”。同时，充分利用移动互联网推出政务微博、政务公众号、政务 App 等使公共服务更加精准、智能。①

二、合理定位政府角色

健全和完善社会主义市场经济体制，首先要建设能够为市场提供有效服务和科学管理的高效政府。政府与市场、政府与社会、政府与企业关系的理顺，以及由此而来的政府经济—社会职能的合理定位，是社会主义市场经济体制能否健康运行的关键。社会主义市场经济是政府主导型的经济运行机制，政府的社会—经济职能是广泛的，政府的新型角色也是涵盖多方面的，在利益分化的背景下，需要通过政府角色的转换和职能的转变，使公共决策切实履行起协调社会利益关系、缓解社会利益冲突的职能。

在计划经济体制下，很多经济行为必须通过政府部门审批才能进行，这在客观上造成了政府管理体系中官僚主义严重、服务意识和能力较差

① 赵海艳. 深化“放管服”改革推动政府职能深刻转变［N］. 黑龙江日报，2021-8-28(6).

等问题。决策权力高度集中导致决策主体职责不清、角色错位，这是传统决策模式的突出特征，在这种模式下，公域侵犯私域，权力被滥用，决策主体往往争功诿过，导致公共权威受损和政治资源流失。因此，全面深化改革进程中，公共决策利益整合需要理顺公共权力主体的职责权限，规范不同利益主体的获利行为。政府角色的转换和职能的调整，“实际上都会对社会的利益分配发挥实质性的影响。”① 政府是公共决策最重要的主体，政府的强力推动是公共决策利益整合最重要的力量之源，中国在内生型、赶超型的现代化进程中，政府发挥着更为重要的作用，理顺公共权力主体职权的关键在于准确为政府定位。

（一）政府是市场规则的维护者

市场经济需要不同社会主体都承认、接受的利益获取规则（即共同的游戏规则），否则，社会就会陷入无止境的利益纷争。任何主体都有自身生存、发展和享受的需要，都有获取自身利益和自身利益最大化的内在属性。为了避免社会在个体追求自我利益的过程中陷入混乱，政府就要运用自身权力，通过公共决策制定为大多数社会成员理解、认同和支持的利益获取原则，规范不同利益主体的获利行为，协调社会利益关系，使社会利益矛盾和利益冲突控制在社会可以承受的范围内。

政府是市场规则的制定者，也是市场公平的维护者、公共服务的提供者。政府同企业、企业家打交道，既要守住底线、把好分寸，坚决防止权钱交易、商业贿赂等问题；又要敢于担当、主动服务，光明磊落地同企业交往，了解企业家所思所想、所困所惑，为企业发展排忧解难。合理定位政府角色，说到底就是要充分发挥市场在资源配置中的决定性作用，更好地发挥政府作用，以优质公共服务让企业家不断增强信心，实现更大发展。当前，我国处于社会主义初级阶段的基本国情没有变，

---

① 桑玉成. 利益分化的政治时代［M］. 上海：学林出版社，2002：93.

政治体制改革还有待进一步深化，与社会主义市场经济相配套的各项机制还不健全，这给部分社会利益主体通过不合法、不合理的途径获取利益提供了机会。为此，政府必须建立和健全相关法律法规，规范市场主体的获利行为，保护合法利益，打击不合法利益，引导民众通过合法、合理途径获取和维护自身利益，为各类市场主体创造公平的市场环境。

（二）政府是公共产品和公共服务的提供者

公共物品是用于满足以整个社会为单位共同提出的公共需要的物品，这些物品能够同时供许多人享用，并且供给这些物品的成本与享用这些物品的效果不随享用人数的变化而变化。公共物品具有消费的非竞争性和收益的非排他性两个基本特征，即消费者在消费某种公共物品时并不妨碍其他消费者同时享用该物品，也不影响其他消费者从该物品中获得利益（或者说，很难将拒绝为此物品付费的消费者排除在受益范围之外）。这就决定了市场机制在这里无法发挥作用，私人经济部门或因投入多、收益低而不愿生产，或因容易造成垄断、效率下降、损害消费者利益而不能生产。因此，政府必须通过国家预算开支，对公共物品的生产、供应担负主要责任。

政府有效提供公共物品，是协调社会利益关系的基本途径。公共物品之“公共”，具有政府与市场相对立的含义，即以政府为一极，面对着由无数的市场主体构成的另一极，一视同仁地提供公共服务、提供公共规范。① 政府提供公共物品的数量越多，质量越好，其协调社会利益关系的作用就越大。公共物品具体可以划分为两类：一类是面向全体公民提供的（如基础教育、劳动就业服务、公共医疗卫生服务、公共秩序、环境保护），政府必须公平、均衡地向社会成员提供；另一类是面向特定群体提供的（如高等教育、最低生活保障、社会救济、社会优

① 桑玉成. 利益分化的政治时代［M］. 上海：学林出版社，2002：97.

抚），政府必须清晰地界定受益范围，将应该覆盖的对象都纳入其中。当然，公共产品并不是一成不变的，而是随着社会经济发展而不断变化的。当前，随着社会经济的快速发展，对公共产品也需要重新界定，以避免公共产品供给方面的“越位”“缺位”和“错位”现象。改革，改变的是体制机制，触及的是现实利益，调整的是利益格局。发展起来以后，蛋糕做大的同时怎么切分，关系人民群众切身利益，也影响进一步改革的动力。改革越深入，越会触及一些深层次利益格局，越会遇到阻力障碍。在触动利益比触动灵魂还难的现实环境里，公共决策只有站在党和国家事业发展全局，从人民利益出发来谋划改革、推进改革，让人民从改革中得到看得见、摸得着的实惠，使改革发展成果更多更公平地惠及于民、造福于民，人民才能始终保持对改革的坚决支持和积极参与，改革克难关、涉险滩的脚步才会始终坚定有力。人民利益是个大范畴，既包括长远利益和根本利益，也包含当前利益和局部利益。在经济结构调整、社会结构变动的转型期，利益格局也处在深刻调整期，各种利益诉求纷繁交织，呈现多元多样多变的状态。治雾霾，关停排污企业，化解过剩产能，赢得一片掌声，而“调整的阵痛”怎么纾解也应妥善处置；户籍改革试破二元藩篱，获得普遍好评，也需循序渐进避免公共资源“过载”亮起“红灯”；轨道交通，方便市民出行，又该如何走出“拒绝噪音辐射靠近我家”的纠结困境？改革发展，几乎时时处处都会遇到诸如此类的难题。提升国家治理能力，就是要解决好这样的问题。①

（三）政府是宏观经济的调控者

市场有其内在缺陷，市场调节并不是一种完美的资源配置方式。放任的市场机制无法控制经济的周期波动和通货膨胀，无法调整和优化产业结构，无法形成有序的经济环境，也无法解决经济发展中当前利益与

① 新华社评论员．学习习近平重要讲话之三：从人民利益出发抓落实［EB/OL］(2014－03－06)［2020－02－01］．http：//www．gov．cn/xinwen/2014－03/06/content_ 2631122．htm．

长远利益的矛盾。因此，政府有必要适度干预市场经济运行，对经济生活进行宏观调控，运用经济手段、法律手段和必要的行政手段促进经济全面、协调、可持续地发展。

政府行使宏观经济调控职能，实际上是统筹经济社会发展全局，从而保持宏观经济总量的平衡，有效地增进公共利益。中国的市场经济本身就是与社会主义基础制度结合在一起的，政府的宏观调控是其突出的特色和优势。政府对经济发展进行宏观调控，一般表现为制定国民经济和社会经济发展计划，调整资源配置方向，促进经济社会协调发展。这里，需要科学划分政府权限，使政府全力做好、做实自己应该做和能够做的事，实现从“全能政府”向“有限政府”的转变，做到到位而不越位、不错位、不缺位。

（四）政府是社会财富的再分配者

市场经济是以效率、效益、利润等为终极目标的，能够较好地解决资源配置的效率问题。但市场有其内在的缺陷，单纯的市场调节无法解决社会公平、社会利益分化、人际关系异化等问题，往往导致社会贫富差距悬殊，加剧社会利益冲突，甚至导致社会动荡。这就需要政府利用税收和支出向特殊群体进行收入再分配，促进社会公平，缓解利益分化的程度和速度。

社会主义市场经济是与社会主义基本制度结合在一起的，应该是体现社会公平与市场效率的有机整体。因此，在市场通过国民收入的初次分配实现了既定利益格局下帕累托最佳后，政府就应该通过再分配政策来调节收入差距，实现社会财富的再分配，防止贫富悬殊过大，保障弱势群体的基本生活需要，从而维护社会公平和社会正义，缓解社会利益冲突，保持社会利益格局的整体稳定。

三、有效增进公共利益

人类历史上发生的一切利益冲突都是为了争夺更多的社会资源，这表明，在人类社会远未达到物质资源极大丰富之前，因物质匮乏引发的冲突将会持续下去。因此，用发展经济增加资源财富供给水平的办法控制冲突，不失为一个有效的手段。① 就公共决策来说，增加资源财富供给水平主要表现为有效增进公共利益和合理配置公共利益，这里，经济发展是前提，所有制结构调整是基础，公共物品有效供给是关键。具体来说，就是要在优化结构、提高质量和效益的基础上，转变经济增长方式，调整经济结构，实现速度、结构、质量、效益的统一。

（一）把握新发展阶段，贯彻新发展理念，构建新发展格局

党的十九届五中全会提出，全面建成小康社会、实现第一个百年奋斗目标之后，我们要乘势而上开启全面建设社会主义现代化国家新征程、向第二个百年奋斗目标进军，这标志着我国进入了一个新发展阶段。我们党领导人民治国理政，很重要的一个方面就是要回答好实现什么样的发展、怎样实现发展这个重大问题。创新、协调、绿色、开放、共享的新发展理念，是习近平新时代中国特色社会主义思想的重要内容，是确保我国经济社会持续健康发展的科学理念。在实现“两个一百年”奋斗目标的历史交汇点上，以习近平同志为核心的党中央根据我国发展阶段、环境、条件变化，特别是基于我国比较优势变化，审时度势地作出了构建新发展格局的重大决策。进入新发展阶段、贯彻新发展理念、构建新发展格局，是由我国经济社会发展的理论逻辑、历史逻辑、现实逻辑决定的，这要求政府一方面要发挥好改革的先导作用，以更大的力度推进全面深化改革，积极破解发展面临的各种难题、化解来自各方面的风险挑战和巨大压力；另一方面，紧紧扭住创新这个“牛鼻子”，形成更多新的增长点、增长极，培育新形势下我国参与国际合作和竞争新优势。

---

① 陆平辉．利益冲突的理念与实证分析［J］．南京社会科学，2003（9）：62－67．

中国改革开放是通过经济改革拉动的，经济建设处于各项工作的中心环节。这是赶超型现代化模式的普遍道路，对于迅速发展经济能够起到显著的作用。但单纯的经济发展并不意味着社会进步，也不意味着社会利益格局的和谐，20 世纪后期拉美一些国家的发展危机证明了这一点。因此，公共决策对公共利益的追求不只是单纯的经济发展问题，在服从和服务于经济建设这一中心工作的同时，公共决策还要考虑政治、文化、社会等的全面发展，要考虑个人利益与公共利益、局部利益与全局利益、当前利益与长远利益的整体平衡。从中国经济建设的实际情况看，四十多年的改革开放取得了举世瞩目的成就，但贫富差距扩大、地区发展不均、环境污染、社会改革滞后等问题给中国的现代化模式提出了严峻的考验，危及社会可持续发展的基础，导致公共决策多方面的利益冲突。公共决策迫切需要转变经济增长方式，需要以习近平新时代中国特色社会主义思想为指导，全面把握新发展阶段的新任务新要求，坚定不移地贯彻新发展理念、构建新发展格局。

（二）完善所有制结构

所有制结构调整是中国经济改革的必由之路，是公共决策必须面对的客观现实。由于利益主体不断分化，新的利益主体不断生成，对经济发展和社会进步产生了积极影响。但是，带有浓厚计划经济色彩的单一所有制结构束缚了多种经济成分的健康发展，相当一部分新兴市场主体在市场竞争中无法获得与其社会贡献相称的地位，其追求自身合理利益的行为无法得到政治系统足够的、权威性的、制度化的保护，这种缺陷导致一些市场主体倾向于通过非制度化的途径获取和维护自身利益。改革开放以来，中国社会发生了深刻变化，在所有制结构上，已由原来单一的公有制变为以公有制为主、多种经济成分并存。但这种变化，直到 1997 年中国共产党第十五次全国代表大会才用纲领的形式肯定了“以公有制为主体、多种经济成分共同发展”的经济结构模式。2013 年，党的十八届三中全会通过的《中共中央关于全面深化改革若干重大问题的决定》指出："公有制为主体、多种所有制经济共同发展的基本经济制度，是中国特色社会主义制度的重要支柱，也是社会主义市场经济体制的根基。公有制经济和非公有制经济都是社会主义市场经济的重要组成部分，都是我国经济社会发展的重要基础。必须毫不动摇巩固和发展公有制经济，坚持公有制主体地位，发挥国有经济主导作用，不断增强国有经济活力、控制力、影响力。必须毫不动摇鼓励、支持、引导非公有制经济发展，激发非公有制经济活力和创造力。""积极发展混合所有制经济。国有资本、集体资本、非公有资本等交叉持股、相互融合的混合所有制经济，是基本经济制度的重要实现形式，有利于国有资本放大功能、保值增值、提高竞争力，有利于各种所有制资本取长补短、相互促进、共同发展。允许更多国有经济和其他所有制经济发展成为混合所有制经济。国有资本投资项目允许非国有资本参股。允许混合所有制经济实行企业员工持股，形成资本所有者和劳动者利益共同体。"

党的十九届四中全会提出，以坚持和完善公有制为主体、多种所有制经济共同发展，以按劳分配为主体、多种分配方式并存和社会主义市场经济体制等社会主义基本经济制度，推动经济高质量发展。以公有制为主体、多种所有制经济共同发展，以按劳分配为主体、多种分配方式并存，社会主义市场经济体制等社会主义基本经济制度，既体现了社会主义制度优越性，又同我国社会主义初级阶段社会生产力发展水平相适应，是党和人民的伟大创造。这三项基本经济制度，既相互联系、相互支持、相互促进，彰显了基本经济制度集成的显著优势；而且从历史逻辑、理论逻辑、实践逻辑看，以公有制为主体、多种所有制经济共同发展的所有制经济形式，是社会主义基本经济制度体系中具有长期性和稳定性的部分，不但发挥着对以按劳分配为主体的分配制度和社会主义市场经济资源配置方式规范方向的作用，更对经济制度属性和经济发展方式具有决定性影响。

（三）扩大公共产品和公共服务的有效供给

改革开放40多年既是公共产品和公共服务逐步完善并高速发展的时期，也是改革开放成果更多地惠及百姓的时期。政府职能转变使公共服务的法律、制度、设施不断完善，经济增长为社会提供了丰硕的公共产品，政府财力增长使民生社会事业支出大幅度增加。但随着人口红利的逐步消失、外需萎缩、以投资推动的经济增长不可持续，经济增速由高速增长阶段转入中高速增长阶段，同时我国人均收入水平也进入中等收入偏上的国家行列，能否跨越“中等收入陷阱”，公共产品和公共服务供给面临着新的矛盾。所以，在新常态下，更要重视改进公共产品和公共服务供给方式，发挥市场机制的作用。政府购买服务、非营利性组织提供公共服务以及用市场化手段筹集公共设施资金都是很好的市场方式，可以提高公共服务供给效率和效果。

科学制定公共产品和公共服务供给政策，追求“最优供给”。政府可通过公共政策制定和活动引领、调节公共资源分配，最大限度发挥公共产品和服务的效益，在公共产品供给制度制定和安排中贯彻落实经济性原则。一方面，要秉持公共产品和服务供给节约性原则，保证急需基础设施和民生保障性产品优先供给。既要杜绝公共产品和服务供给面面俱到“撒胡椒粉”的做法，也要抵制供需脱节、供需错位、供非所需、供超所需所造成的浪费；另一方面，要重视公共产品的经济功能，特别是要选准并优先供给那些能带动经济增长的重大项目、社会民生普惠共享重点领域的公共产品和服务。

发挥政府主导和引导作用，谋求“协同供给”。化解日益增长的公共产品需求和政府有限的供给能力之间的矛盾，需要政府摈弃“大包大揽”旧观念，发挥公共产品和服务供给的主导和引导作用，谋求四位一体的“协同供给”。一是主体协同。强化政府的主体责任和主导作用，创新公共产品和公共服务提供方式，调动社会力量增加公共产品和服务供给，努力实现公共产品和服务供给职责明确、各尽所能、各取所需、无缝对接的良好局面。二是战略协同。政府主要负责对区域内公共产品供给总体“蓝图”进行顶层设计，在时间维度上要通盘考虑公共产品供给的长期、中期和短期目标，做到有序供给；在空间维度上要摸清辖区禀赋差异，参考各地区经济发展程度和社会条件，扬长避短，进行差异性供给、阶段性供给、层次性供给。三是资本协同。全面推进政府和社会资本合作，创新激励机制，更好地发挥政府引导作用，充分发挥财政融资在公共产品供给领域的前瞻性、引导性、保障性作用，发挥财政资金的“撬动”作用。拓宽投融资领域，降低或取消民营资本进入门槛，吸引社会资本参与准公益性基础设施项目建设。四是利益协同。要建立合作对话的利益协调机制，对政府之外的供给主体实行优惠贷款、税收减免、补助、奖励、表彰等方式，最大限度调动各方积极性。

四、着力创新行政文化

公共决策是一种文化现象，是一种体现人的精神和意志的文化创造活动，其行为有效与否，不仅取决于它所拥有的物质性要素，也取决于它所拥有的精神性要素，即文化要素。连接利益主体和需求对象的是人的行为，连接利益主体和利益冲突的同样也是人的行为，而影响人的行为的是利益观念、逐利动机及行为价值观，这一切是可以通过道德教化加以塑造的。[①] 在公共决策中，文化的作用主要表现在两个方面：对公共权力主体而言，就是用政治系统承诺的价值观、道德观引导政府行为，使之朝人民群众所期望的方向发展，并通过规范公共权力主体自身的获利行为，防止公共权力被异化；对人民群众而言，就是用社会认同的价值观、道德观影响、约束、塑造人的行为，使之合乎社会公认的价值准则，进而引导人民群众自觉协调自身行为，使其对自身利益的追求与整

---

① 陆平辉. 利益冲突的理念与实证分析［J］. 南京社会科学，2003（9）：62－67.

个社会和他人的利益实现方式相一致。在全面深化改革进程中，经济的发展必然会对上层建筑提出相应要求，作为观念上层建筑的公共决策文化也应该适应经济社会发展而不断创新。

（一）倡导公共精神

公共精神是“摆脱利己主义而为大多数公众利益着想的精神”①，是公共决策的精神要素。中国公共决策需要大力提倡公共精神，致力于追求公共利益，并通过自身的示范，在全社会进行主流意识形态的熏陶。“政府的功能之一，就是用公共精神教育人，更多地发挥人的主动性，使公共精神在制定政策过程中占优势。”② 换言之，政府要通过其宣传、教育、引导功能的充分发挥，使民众具备较高水平的公共精神，为公共决策创造良好的文化氛围。在全面深化改革进程中，公共权力主体需要树立正确的义利观、荣辱观和公共利益观，始终坚持公共利益这一根本价值取向，正确行使公共权力，扩大公共物品的有效供给，加强自身廉洁自律；同时，要积极发挥自身的示范作用，自觉践行社会主义核心价值观，引导人民群众自觉关心公共事务，自觉维护公共利益。

（二）树立新发展理念

习近平总书记在党的十八届五中全会第二次全体会议上的讲话提出了创新、协调、绿色、开放、共享的发展理念。理念是行动的先导，从根本上决定着公共决策成效乃至成败。新发展理念符合我国国情，顺应时代要求，对破解发展难题、增强发展动力、厚植发展优势具有重大指导意义，是新时代公共决策的行动指南。当前，我国经济已由高速增长阶段转向高质量发展阶段，正处在转变发展方式、优化经济结构、转换

① 鄯爱红．服务型政府的伦理精神［J］．哲学动态，2005（2）：33－37．

② ［美］史蒂文·凯尔曼．制定公共政策［M］．尚正译，马清槐、朱曾汶校，北京：商务印书馆，1990：212．

增长动力的攻关期，建设现代化经济体系是跨越关口的迫切要求和我国发展的战略目标。在新发展阶段，公共决策更要从政治视野、用政治眼光来理解新发展理念是一个系统的理论体系。公共决策要坚持质量第一、效益优先，以供给侧结构性改革为主线，推动经济发展质量变革、效率变革、动力变革，提高全要素生产率，着力加快建设实体经济、科技创新、现代金融、人力资源协同发展的产业体系，着力构建市场机制有效、微观主体有活力、宏观调控有度的经济体制，不断增强我国经济创新力和竞争力。要坚持以人民为中心，始终坚持发展为了人民、发展依靠人民、发展成果由人民共享，坚守住了这个“根”与“魂”，确保人民立场始终坚定、价值导向始终正确。

（三）树立以人民为中心理念

2014 年 9 月 21 日，习近平总书记在庆祝中国人民政治协商会议成立 65 周年大会上的讲话强调，“要坚持把实现好、维护好、发展好最广大人民根本利益作为一切工作的出发点和落脚点，我们的重大工作和重大决策必须识民情、接地气。要以人民群众利益为重、以人民群众期盼为念，真诚倾听群众呼声，真实反映群众愿望，真情关心群众疾苦。”民惟邦本，本固邦宁。现代社会是利益多元的社会，公共决策的利益取向也是涵盖多元的有机体系，但归根结底，公共决策必须坚持以人民为中心，关注人民群众美好生活需要，找准人民群众个人利益与公共利益、国家利益的合理契合点，实现个人利益与集体利益、社会利益的动态平衡。人民是历史的创造者，全面深化改革需要不断满足人民日益增长的美好生活需要，公共决策贯彻以人民为中心理念主要体现在以下四个方面：一是公共决策将进一步把实现好、维护好、发展好最广大人民根本利益作为一切工作的出发点和落脚点；二是公共决策对社会利益关系的调整将更加注重公共利益，在扩大公共产品和公共服务有效供给的基础上，通过公平合理的利益分配机制，使全体人民都能够享受经济社会发展带来的现实利益；三是公共决策的民主化、科学化程度将进一步提高，人民群众将更容易通过制度化的参与渠道表达自身意愿和呼声；四是公共服务的人文取向将进一步明显，公共权力主体将以提供人性化的公共物品和公共服务为重要目标取向。

五、全面改善制度环境

“制度是决定因素。”① 在现代社会，“理性的形式原则在实践询问中取代了诸如自然或上帝一类的物质原则”②，制度构成其重要的合法性基础。在公共管理领域，制度协调是对利益关系的调整，通过重新确立人与人之间、人与物之间的关系，达到遏制冲突的目的。公共决策的制度环境是指决定、约束公共决策活动的制度规则的总和。法律和政策是制度协调的两种重要手段，法律又是制度协调的核心。法律可以通过制定和实施规则，抑制和消除利益最大化行为和机会主义行为引起的冲突和对抗，使各利益主体在一定的制度框架内平等有序地实现自己的利益。因此，法律制度对整合利益控制冲突具有至关重要的意义。③

在全面深化改革进程中，公共决策对利益关系的协调实际上是多种力量相互作用的过程：公共权力体系中有积极改革、厉行法治、维护社会公平的主流一方，也有阻挠改革、畏惧法治、只顾私利的非主流一方；社会上有非法致富的利益群体，也有依法经营的利益群体，还有急需保护和扶持的弱势群体。在这样一个实验性的巨大熔炉中，中国社会的利益分化与利益关系调整似乎正面临着马克思所提到的“利益与法谁占上风”这样一个历史性的难题（当然，这里的利益是指非法利益），难题的解决，一方面取决于中国共产党的改革决心，另一方面取决于社会的发展所造就的推动力量。

---

① 邓小平文选（第二卷）［M］. 北京：人民出版社，1983：308.

② ［美］塞缪尔·P·亨廷顿. 变动社会的政治秩序［M］. 张岱云、聂振雄、石淳、宁安生译，上海：上海译文出版社，1989：20.

③ 陆平辉. 利益冲突的理念与实证分析［J］. 南京社会科学，2003（9）：62－67.

全面深化改革是决定当代中国命运的关键，也是决定实现“两个一百年”奋斗目标、实现中华民族伟大复兴的关键。改革开放40多年来，中国在各项领域取得了巨大成就，但是仍然未能完全破除区域发展不平衡、产业结构不合理、资源管理太粗放、社会治理不协调、整体发展不可持续等根本性问题。同时，国际格局的不断调整，经济全球化进一步深化，中国经济社会面临着很多新矛盾和新问题。面对新形势新任务新要求，党中央提出全面深化改革，确立了“完善和发展中国特色社会主义制度，推进国家治理体系和治理能力现代化”的总目标。全面深化改革就是以经济体制改革等问题为突破重点，同时带动社会各领域改革统一协调开展，营造相互协调、共同促进的大环境。①

六、不断优化利益协调机制

优化公共决策机制就是要寻求公共决策系统各个要素的最佳综合，使各要素能有效耦合，运行同向，信息畅通，实现决策的民主化、科学化、法治化。在全面深化改革进程中，公共决策科学化、民主化、法治化进程将加速发展，公共决策利益协调机制也将进一步优化。

（一）完善科学决策机制

完善科学决策机制，就是要实现由经验决策向科学决策的转变。经验决策较多着眼于决策系统的各种技术要素，对社会利益关系的调整较多着眼于眼前的实际经济利益，而科学决策更多着眼于社会系统的整体发展和长远发展，关注协调社会利益关系的合理机制，能够避免有损整体协调发展的私人利益、小团体利益、地方利益、不合理利益等的干扰，为构建新发展格局创造条件。习近平总书记在中央全面深化改革领导小组第二次会议上的重要讲话中指出，“对重大改革尤其是涉及人民群众

---

① 窦玉根、文洋. 全面深化改革的若干突破点［EB/OL］（2015－05－26）［2015－07－02］. http：//dangjian. people. com. cn/n/2015/0526/c117092－27059573. html.

切身利益的改革决策，要建立社会稳定评估机制。遇到关系复杂、牵涉面广、矛盾突出的改革，要及时深入了解群众实际生活情况怎么样，群众诉求是什么，改革能给群众带来的利益有多少，从人民利益出发谋划思路、制定举措、推进落实。”在全面深化改革的背景下，中国公共决策面临从传统经验决策向现代科学决策的转变，公共权力主体要以习近平新时代中国特色社会主义思想为指导，坚持以人民为中心，构建深入了解民情、充分反映民意、广泛集中民智、切实珍惜民力的公共决策机制，推进公共决策的科学化、民主化、法治化，建立与公共利益密切相关的重大事项社会公示制度和社会听证制度，健全社情民意反映制度，完善专家咨询制度，实行决策的论证制和责任制，努力提高公共决策的质量和绩效，提高民众对公共权力的认同度、支持度和满意度，增进民众福祉，维护公共权威，提高政府的公信力和凝聚力，促进社会全面、协调、可持续地发展。

（二）建立多元利益表达机制

利益表达主要有个人表达和团体表达两种方式。当前，中国社会已经形成了大量不同的利益群体，不同群体之间存在利益差别甚至利益矛盾，其利益表达意愿和政治参与意识日益强烈，导致利益冲突加剧，政府应该建立多元利益表达机制，为不同主体表达、实现和维护自身利益提供条件。政府应鼓励建立代表不同利益群体利益的社会团体和社会组织，通过组织的力量和制度的渠道规范公民利益表达和政治参与行为，并制定和完善相关法律法规，为社会利益主体的利益表达和政治参与提供制度依据，使其具有合法性。同时，为引导民众理性表达自身利益诉求，政府要积极构建非强制性的多元主体参与机制（如代理表达，即利益集团将自己的代表推进有关政治机构，代表本集团进行利益表达），将公民的非制度化参与纳入制度化的体系之中。一是建立健全能够充分反映不同利益群体意志的利益表达机制，协调不同社会利益群体之间的利益关系，在政府和公众之间架起有效的沟通渠道。二是对社会利益主体的获利行为进行规范，保护合法利益，肯定合理利益，取缔非法利益，形成公平正义的社会利益分配机制。三是建立健全合理的利益补偿机制，不将改革成本转嫁给任何个人和群体，对因改革而导致利益受损的社会成员提供一定的补偿，减少改革阻力，保证改革的顺利推进。

（三）健全利益导向机制

公共决策具有利益导向功能，能够对民众的利益要求进行引导。也就是说，公共决策可以通过公共物品的供给，告诉人民什么样的利益要求是合理的，什么样的利益要求是不合理的，什么样的利益要求是可以满足的，什么样的利益要求是不可以满足的；同时，还可以使人们认识到怎样才能使自己合理的、可以满足的利益要求变为现实。

公共决策在协调社会利益关系时，必然要抑制部分社会成员不合理、无法实现的利益要求，满足大部分社会成员合理的、可以实现的利益要求。公共决策正是通过这种抑制和满足的双向作用来实现其利益导向功能的。受到社会财富总量的限制，政府在公共决策中总会表现出一定的利益取向，即公共政策具有特定的利益获取者和利益被抑制者。任何决策都不可能同时满足所有社会成员的所有利益要求，而只能满足部分社会成员某些层次的利益要求。公共决策是通过对社会利益关系的调整来改变社会利益结构，抑制、转化那些不合理、无法实现的利益要求，鼓励、保护那些合理的、可以实现的利益要求，引导民众树立正确的义利观，从而促进社会利益结构的合理化，满足更多社会成员更高层次的利益要求。当然，健全公共决策的利益导向机制，关键是要明确利益合理性、现实性的评价标准，使得政府的利益导向有章可循。

当前，健全公共决策利益导向机制，就是正确处理好改革、发展和稳定的关系，大力培育和践行社会主义核心价值观，鼓励人民群众通过诚实劳动、合法经营获取个人利益，激发人民群众的积极性、主动性和创造性，促进经济发展；着力畅通国民经济循环，实现高水平的自立自强，提升国民经济整体效能，以强大的国内经济循环体系稳固国内基本盘，以更高水平的对外开放促进国内国际双循环，实现更高质量、更有效率、更加公平、更可持续、更为安全的发展。

（四）理顺公民参与机制

公民参与公共决策是指公民以及由公民所组成的社会团体通过一定的方式和程序，以公共决策主体和客体的双重身份直接或间接参与和影响公共决策过程，表达自身利益要求的政治行为。公民参与公共决策是人民群众表达自身利益要求、实现自身利益的有效形式，是社会主义政治文明发展的必然趋势，是实现公共决策民主化、科学化、法治化的有效途径。公民参与有制度化参与和非制度化参与两种具体途径，在公共决策领域，理顺公民参与机制，就是要正确处理二者的关系。

制度化的公民参与即参与的合法化，是把公民参与公共决策纳入法定体系中，用法律法规来规范公民参与行为，实现参与的程序化、规范化。建立科学合理的决策参与规范是公民参与制度化的前提，通过建立决策参与的法律规范和制度体系，用法律规范的形式对公民参与的内容、范围、方式予以确定，用制度化形式规范公民参与，使公民参与经常化、秩序化。推动公民参与社会化是实现公民参与制度化的有效途径，通过社会化的参与过程，使政治参与的理念和制度规范得到民众的普遍认同，成为民众的一种内在价值认知，使公民参与制定公共政策由外在的推动转化为内在的要求。

非制度化的公民参与是公民或公民群体为维护自身利益，采取不符合国家宪法、法律、法规所规定的方式、途径和程序，试图参与决策过程、影响决策系统的政治行为。非制度化的公民参与是对现行社会规则的反抗，往往会降低政治系统的向心力和凝聚力，产生社会不稳定的因素，为政治系统所不容，政府一般会对其采取压制、引导相结合的办法进行处理。政府要在充分尊重人民群众民主权利的基础上，引导人民理性地表达自身利益诉求，使人民行使政治权利时有法可依，有章可循，理性有序，防止无序的、不正当的、过激的利益诉求行为的发生，最终将人民群众的非制度化参与纳入制度化的体系内。

（五）健全利益监督约束机制

公共决策对社会利益关系的调整是以公共权力为基础的，在中国赶超型现代化进程中，社会利益结构处于不断分化整合的状态，多元利益主体存在的现实要求加强公共权力作用的力度；但绝对的权力导致绝对的腐败，权力一旦失去控制和制约，往往会产生异化、滋生腐败。当前，法治进程加速推进，但人治现象在一定范围内还存在，表现在公共决策领域，政府对公共利益的配置一定程度上受到人为因素的影响，公共权力无法发挥其应有的作用，很容易出现寻租、滥用等异化现象。因此，为保证公共权力真正服务于公共利益，就必须健全权力的监督约束机制，使公共权力的行使在制度的框架内进行。

在现代社会，个人、团体和组织表达自身愿望、要求、看法的渠道非常宽泛，这决定了公共决策利益监督约束的方式也是多种多样的。现代社会又是法治社会，任何个人、团体和组织对政府的监督都必须按照法定的程序、方式进行，否则，决策系统就可能陷入混乱。健全公共决策利益监督约束机制的具体途径有三个：一是要按照依法行政的要求，加强法治建设，把政府的行为约束在法律范围内，从制度上防止公共权力异化；二是完善政治系统内部的监督与制衡机制，科学发挥人大、政协、纪委监委、审计及其他部门对政府的监督制约作用；三是完善民主监督机制，拓宽民意表达渠道，充分发挥非政府组织、公民团体、社区组织以及新闻舆论部门、社会公众的监督职能，实现社会与公共权力系统的良性互动。

七、继续完善利益监控机制

公共政策监控机制是由政策监控主体、政策监控对象、政策监控主体发生作用的内容和方式等要素构成的一个系统。① 良好的监控机制是公共政策系统顺利运行的必要条件。公共政策监控机制优化，就是要寻求公共政策监控各要素的优化组合，使公共政策运行的各个部分能够有效耦合，运行同向，信息传递畅通，实现公共政策监控的高效化。优化公共政策监控机制，对于规范公共政策行为，对于提高公共政策质量，对于确保公共政策的有效施行，都具有十分重要的意义。

（一）理顺公共政策监控主体的责、权、利关系

我国公共政策监控体系主要是由以下几个子系统组成的一个有机整体：中国共产党作为执政党的政策监控、立法机关（全国人民代表大会及地方各级人民代表大会）的政策监控、行政机关（国务院和各级地方人民政府）的政策监控、司法机关的政策监控、各民主党派及人民团体的政策监控、利益团体的政策监控、非政府组织的政策监控、公众和大众传播媒介的政策监控，这些子系统相互作用，确保公共政策的有效运行，确保政策绩效的提高和政策目标的实现。

多元主体参与公共政策监控既提高了监控的力度、效度，也加大了监控的难度，主要表现在各监控主体的责、权、利关系难以有效理顺，不同主体之间的关系难以有效协调。因此，优化公共政策监控机制，首先要求理顺不同监控主体的责、权、利关系，使不同主体根据自身职责、权限，合理定位，做到不越位、不缺位，实现对政策过程的有效监控。

中国共产党作为执政党，是中国特色社会主义事业的领导核心，是大政方针的决策者。党的领导主要是政治领导、思想领导和组织领导，

---

① 宁骚. 公共政策学［M］. 北京：高等教育出版社，2003：438.

对公共政策的监控主要是对方向的把握，是对大政方针的把握。这里，合理界定党政关系是有效行使监控权的关键，党要在宪法、法律的范围内活动，才能对公共政策进行有效监控。

立法机关是公共政策最重要的监控主体，其政策监控的活动内容及方式主要表现为五个方面：一是依靠法律监控公共政策；二是听取和审议预算、决策、立项等，对公共政策内容、规模、方向等进行监控；三是通过人事任免来影响和监控公共政策；四是以质询和诘问等方式对公共政策进行监控；五是通过视察、检查、组成针对特定问题的调查委员会对政策系统和政策过程进行监督。

司法机关的职责在于通过严格的执法以维护法律的尊严。司法机关对公共政策的监控是一种消极的监控形式，以法律为依据，以国家强制力为后盾，是最强有力的监控形式。其监控的内容主要包括三个方面：一是裁定公共政策的制定程序、依据是否合法；二是裁定公共政策的内容是否合法；三是裁定政策的执行是否合法。

行政机关的政策监控是一种以纵向监控为主、横向监控为辅的监控。纵向监控是通过上级主管机关对下级执行机关工作的指示、检查、督促。横向监控是行政系统内部的专门监督机关如审计机关、监察机关对行政机关内部工作人员及其工作的监控，其内容侧重于对违法违纪行为的查处。

在我国，民主党派和人民团体也是重要的政治力量，人民政协是民主党派和人民团体对公共决策进行有效监督的组织形式，通过政治协商和民主监督，在公共决策过程中发挥着积极的作用。

利益团体的存在与发展及其对公共决策过程的参与，是现代社会多元化的一个重要表现。经过改革开放四十多年的发展，我国已经形成了多个不同的利益团体，为了有效地维护自身利益，不同利益团体必然要通过各种途径和方式，对公共决策施加影响，监督就是其中十分重要的途径。利益团体对公共决策施加影响，可以通过制度化或和非制度化的途径实现。为有效维护公共权威，提高公共决策实效，公共权力主体应积极引导利益团体通过制度化的途径参与决策监督，减轻其非制度化参与对公共决策可能带来的压力。

非政府组织作为一种重要的社会组织，是社会力量参与公共决策过程的重要组织形式，是公共政策监督的重要主体。当前，我国非政府组织发展取得了较好成绩，在公共决策监督中发挥了重要作用，彰显了社会力量在公共事务管理中的重要地位。

公众对公共政策的监控主要是通过社会舆论的形式来实现的。① 社会舆论是人民群众意志的集中体现，健全社会舆论监督机制实际上也是群众监督，是以广播、电视、报纸、书刊、网络、自媒体等大众传播媒体为物质载体来展现监督内容和监督过程的，是表达人民群众心声的重要途径，是公共决策中健全民主监督的重要途径之一。

我国公共决策的监督主体多，方式渠道多，如果不同主体之间关系没有理顺，互相之间缺乏沟通，往往导致监督主体责任不明确，导致政出多门、权责失衡等现象的发生，需要通过建立健全监督主体责任制度，落实责任制和责任追究制，充分调动不同主体的积极性，将监督落实到决策的各个环节，提高公共决策质量。

（二）理顺公共政策内部监控机制和外部监控机制的关系

公共政策监控机制是由政策监控主体、政策监控对象、政策监控主体发生作用的内容和方式等要素构成的一个系统，考虑到政策监控主体及其发生作用的内容和方式构成活动形式的不同，可分为内部监控机制的构成和外部监控机制的构成。

内部监控的主体是公共权力系统，包括立法机关、司法机关、行政机关、作为执政党的中国共产党的监控。内部监控实际上一个以权力制

① 陈振明. 政策科学［M］. 北京：中国人民大学出版社，1998：377.

约权力、防止公共权力被滥用的问题。这里，立法机关和司法机关的职能定位明显，容易实现对公共政策的监控。而行政机关和党的监控是难点，也就是一个理顺党政关系的问题。行政机关是公共政策最重要的执行者，需要将“掌舵”与“划桨”两种职能活动区分开来，提高透明度，增强公信力，自觉接受监督；党的监控职能主要是对宏观方向的把握，需要理顺党政关系，放权于政府，放权于社会。

外部监控是来自公共权力系统外部的力量对政策运行过程的监控。主要包括参政党、大众传播媒介、人民群众、社会利益团体、非政府组织等。外部监控机制的关键是要行使。这些力量是民主社会的重要标志，在我国，还没有引起应有的重视，还没有发挥应有的作用，需要通过政治体制改革，通过加强政治文明建设，发挥社会力量的作用。

总之，有序的公共政策监控体系要求系统内部各构成要素合理地为自己定位，依法行使自己的权力，不越位，不缺位，明确自身责、权、利关系。通过内部政策监控机制和外部政策监控机制，行政机关与立法机关、司法机关、政党组织、利益集团、大众传播媒介和公民等监控主体在对政策监控活动中，相互合作，互为补充，共同发挥积极作用，构筑起监控公共政策的有机整体。①

（三）理顺公共政策监督与公共政策控制的关系

政策监控是政策监督与政策控制的合称。② 监督与控制是公共政策监控过程中两种不同的功能活动，二者相互补充，有机统一于政策监控过程中。优化公共政策监控机制，必须理顺公共政策监督与公共政策控制的关系，使二者相互补充、相互协调，有机统一于公共政策监控的完整过程中。

公共政策监督的理论和方法来自政治学，是指公共权力主体和社会

① 宁骚．公共政策学［M］．北京：高等教育出版社，2003：441.

② 陈振明．政策科学［M］．北京：中国人民大学出版社，1998：370.

权力主体以法律法规为依据，对政策系统运行过程所进行的监视和督促行为，一般包括三个步骤：一是建立规章制度，确立监督的依据和标准，明确监督主体的职责范围；二是监督政策系统的运行情况，了解政策系统运行情况；三是向政策主体反馈信息，督促其采取必要行动，控制政策运行，矫正政策执行偏差，防止政策失灵。

公共政策监督主体范围很广，一切关心政策运行的个人、团体和组织都可以对政策过程进行监督。在现代社会，个人、团体和组织表达自身愿望、要求、看法的渠道非常宽泛，公共政策监督活动贯穿于整个政策过程之中，其内容包括对政策制定、执行、评估、调整、终结的监督，各项活动内容是相互联系、不可分割的，它们共同为提高政策质量、政策绩效提供有力保障，促进政策目标的实现。现代社会是法治社会，依法对公共政策过程进行监督具有特别重要的意义，任何个人、团体和组织对公共政策的监督都必须按照法定的程序、方式进行，否则，政策系统就可能陷于混乱，不利于政策质量的提高，不利于政策系统的改进。

“控制职能是从事于对业绩的衡量与校正，以便确保企业目标和为达到目标所制定的计划得以实现。”① 公共政策控制是公共权力主体矫正政策偏差的行为，是指公共权力主体在政策过程尤其是在政策执行中，为保证政策的权威性、合法性和政策的有效执行，达成特定政策目标而对政策过程尤其是政策执行过程的偏差的发现与矫正行为，一般过程包括确立标准、衡量绩效、矫正偏差三个环节。公共政策控制是对公共政策监督的积极回应，其主体范围相对要小，一般是政策制定者和执行者，其他主体无权直接控制政策过程；行为方式相对比较单一，一般采取行政命令的方式，强调效率，讲究时效；行为基础侧重于公共权力，强调控制，重视服从。

---

① ［美］哈罗德·孔茨、海因茨·韦里克．管理学（第十版）［M］．张晓君、陶新权、马继华、金晶鑫等编译，北京：经济科学出版社，1998：378.

当前，我国公共政策监控机制重视对公共政策的控制，而对公共权力和公共政策的监督显得比较薄弱，监督主体繁杂，监督权限不清，造成各自为政，相互沟通、协调不够，难以发挥应有的作用。为此，必须通过建立制度化的公共政策监督机制，合理界定不同监督主体的权责范围，理顺政策监督与政策控制的关系，实现对公共政策的有效监控。

第五章　实证分析：中国高考政策变迁的利益冲突与整合

高考即“普通高校全国统一招生考试”，是为“招生”而举行的“考试”，其目的主要是为高校选拔合格生源。高考政策是一个综合的体系，其范围涉及考生资格认定、考试内容、考试形式、录取方式、遗留问题处理等方面，涵盖了与高考有关的一切领域。高考政策是公共权力作用于高考领域的表现形式，是政府对高等教育资源进行权威性配置的制度安排，其有效运行必须以特定的利益取向为基础。在中国高等教育从精英教育向大众教育发展的过程中，随着接受高等教育机会的增加，不同社会群体对高考的期望、需要也在不断变化，政府需要通过相关政策机制的创新来调整高等教育资源的受益对象。与此同时，高考政策在评价标准、考查内容、计划分配等方面的内在缺陷也遭到社会各界对高考公平性、合理性的质疑，政府必须顺应民众呼声推动高考改革，实现高等教育资源的合理配置。因此，从利益的角度分析中国高考政策变革的历程，以利益整合为突破口推动高考改革，推进高等教育的跨越式发展，具有重大的理论意义和实践意义。

第一节　中国高考政策变迁的历程

始建于1952年的全国统一高考制度，是中国一项独具特色的教育考试制度，是适应中华人民共和国成立初期政治、经济和文化国情而建立的招生考试政策体系。后来，受到多种因素的影响，高考被停了11年。直到1977年正式恢复全国统一高考，中国高考政策的变革才步入健康发展的快车道。高考政策的变革，“与社会、政治的变迁及传统文化的制约等密切相关”①。恢复高考以来，高考改革经历了四个发展阶段，取得了显著成就，为高等教育的跨越式发展创造了条件，也在一定程度上反映了改革开放以来社会利益关系调整的基本情况。

一、高考改革积极探索的阶段（1977年—1989年）

1977年，高等教育领域率先拨乱反正，废止了“推荐”招生的办法，恢复了在应届高中毕业生和社会青年中直接考试招生的办法。在以后的几年里，高考在统一命题制卷、分省（区、市）组织评卷、建立考生档案、分省（区、市）统一划线组织录取等方面进行了积极探索，初步形成了高考政策体系的基本框架。恢复高考，改变的不仅仅是个人的命运，对整个国家和民族来说，它意味着更深远意义的复苏和新生。可以说，中国的改革开放是以高考改革为先导的，高考改革对中国的教育事业发展、经济建设及社会进步起到了积极的推动作用。1997年11月，《人民日报》在纪念恢复高考20周年征文的综述中指出：“恢复高考，挽救了我们的民族和国家。”

改革开放之初，百业待举，中国的高等教育还相当落后，适龄青年

① 刘海峰. 高考改革的教育与社会视角［J］. 高等教育研究，2005（5）：33－38.

接受高等教育的比例相当低，高考万人挤独木桥的现实造成社会成员对高等教育资源的激烈争夺。1981 年开始，政府重点加强了对招生考试工作的管理。一是推行国家统考前的预选工作；二是实行全国统一考试，各省集中评卷，统一了评分标准，减少了评分误差，提高了招生考试的社会声誉和高校选才的准确度；三是改进录取办法，确定投档最低控制分数线，由“段段清”投档录取改为“根据考生志愿、按比例投档”的录取办法，军队、公安、武警、体育、艺术、外语本科院校实行了提前单独录取。

随着国家经济体制改革和教育体制改革的深入，高等教育有了一定的发展，招生计划和招生队伍也在大幅度增加。招生计划模式，由单一的国家任务计划转变为国家任务与调节性计划两种形式并举，使高校招生多样化，增强了学校办学的活力；原国家教委颁布了《普通高等学校招生全国统一处罚暂行规定》，各省（区、市）制定了相应的招生规定、制度和办法，标志着招生考试工作开始步入了法治化的轨道；各级教育行政部门设立了招生办公室，增加了编制，使招生机构和队伍不断发展壮大；开展了保送生免试入学、普通高校招收职教师资、实践生等试点改革，推动了高考制度的建立与发展。

二、高考改革不断发展的阶段（1990 年—1997 年）

经过 10 多年的探索，高考改革取得了显著成效，但也导致了基础教育领域片面追求升学率的严重弊端。高考成了中学教学的指挥棒，为提高升学率，很多中学不执行国家规定的教学计划，不开设高考科目以外的课程，造成学生知识结构残缺不全，高分低能现象普遍，严重影响了高等学校的人才培养质量；同时，因高考录取率低，为区分考生层次，方便高校按照统一标准（高考成绩）选拔学生，高考试题的难度远远高于高中毕业生的实际水平，造成很多中学违背基础教育发展规律，不顾教学条件和学生的实际水平，比照高考要求盲目提高授课难度，制约了基础教育应有功能的发挥。

为克服上述缺陷，教育部决定把高考同高中毕业考试分开，建立有权威的省级高中毕业会考。在会考的基础上，高考只考相关科目，甚至还可以根据高校需要和学生实际情况选考特定科目。高考与会考分开，凸显了高考的选拔性功能，使政府对高考政策变革趋势的把握更为清晰，也将高考内容的改革提上议事日程，预示着新一轮高考改革浪潮的到来。1987 年，上海在实行高中毕业会考的基础上自行命题，试行“3 +1”方案，到20 世纪90 年代初，各省（区、市）普遍建立高中毕业会考制度，高考改革取得了显著成效。

这一时期，中国政府加大了高考改革的力度，建立了具有中国特色的高考政策体系。一是废除了预考，使考生直接参加统考，为考生平等参与高考竞争提供了更多机会。二是成功地推行了标准化考试，便于对学生知识和能力的考察，能够为高校选拔生源提供明确的标准。三是采用计算机辅助管理招生考试，极大地减轻了手工劳动的强度，提高了工作效率和质量。四是在实行高中毕业会考政策的基础上，实行“3 +2”考试科目改革。1991 年，原国家教委在湖南、海南、云南三省科目改革试点的基础上，逐步形成了“3 +2”高考科目设置方案，采用“3 +1”或“3 +2”模式设置高考科目，对高等教育和中学教育的发展起到积极的推动作用，受到了社会各界的普遍欢迎。五是大力推进招生“并轨”改革，由“双包”改为“双自”，调动了高校办学和学生学习的积极性。

三、高考改革深入进行的阶段（1998 年—2012 年）

经过改革开放20 年的发展，中国经济建设取得了举世瞩目的巨大成就，为高等教育的跨越式发展提供了坚实的物质基础。随着高校招生规模的扩大，高考万人挤独木桥的状况已大为改观，高等教育资源短缺在一定程度上得到缓解。但高考依然是社会关注的焦点，高考领域的利益冲突依然存在，只是换成了另外的表现形式而已。经济的发展和经济结构的调整对劳动者的素质提出了更高的要求，人们对高考的关注也发展到了更高的层次，即由考上大学发展为考上理想的大学、就读合适的专业，高校的品牌价值、专业的发展前景成为考生、家长和社会关注的热点，名牌大学、重点大学成为众多考生的首选目标，越来越多的考生心目中形成了难解的名校情结，而热门专业报考的壮观场面亦已成为高校招生一道靓丽的风景线。在利益要求趋于多元的背景下，高考在科目设置、评价标准、考查内容等方面的缺陷引起了社会对统一高考的质疑，教育腐败、高收费等问题更引起了各界的强烈批评，1998 年两会期间，人大代表和政协委员对高考改革给予了广泛关注，激进者甚至呼吁“取消高考”。[①] 因此，改革高考模式，确立新的选才标准，注重知识和能力考查的同时进一步改革科目设置、考试内容和高考形式，实现高校招生和考生报考的双向互动就成为高考改革的当务之急。

1999 年初，国务院批转教育部的《面向 21 世纪教育振兴行动计划》提出，到 2010 年高等教育的毛入学率将接近适龄青年的 15%；2 月，教育部正式下发《关于进一步深化普通高等学校招生考试制度改革的意见》，确立了高考改革“有助于高等学校选拔人才、有助于中学实施素质教育、有助于高等学校扩大办学自主权”的三项原则，标志着新一轮高考改革正式启动，高考改革在考试内容、考试科目、录取形式、录取手段等方面深入发展。6 月，第三次全国教育工作会议决定扩大高校招生规模。之后，中共中央、国务院颁发了《关于深化教育改革，全面推进素质教育的决定》，指出要“加快改革招生和考试制度”，鼓励“进行多种形式的高考制度改革试验”“逐渐建立具有多种选择的、更加科学和公正的高等学校招生选拔制度”，强调改革高考制度是推进中小学素质教育的重要措施。新中国建立以来，高考改革首次被列入中共中央、国务院的决定中，并与素质教育紧密挂钩，由此可见，高考改革引起了

---

① 林丹等. 激进者一言惊人：“取消高考”[N]. 羊城晚报，1998－3－14（2）.

最高层决策者的关注。

为适应高等教育多样化和人才需求结构立体化的需求，高考根据不同类型、不同层次人才培养需要进行了多样化改革的探索。1999 年，广东开始试行“3 + X”科目设置方案，允许高校自主选择“X”，拉开了统一高考多样化和高校招生自主权改革的序幕。2002 年，这项改革已在全国普遍实施。设立综合考试科目是此次改革的一个亮点，其目的是想改变文理分科绝对化、跨学科能力的综合和学科间知识的渗透力不够的状况，引导学生全面掌握中学阶段应当掌握的基础知识和基本技能，重视能力特别是学科内和跨学科的综合能力以及分析和解决问题能力的培养。2000 年，北京、上海、安徽等地进行了“春季高考”的改革试点。2002 年，广西进行本科、专科二次高考的试点。2003 年，教育部在江苏、北京等地的 22 所高校进行自主招生改革试点，允许试点高校拿出一定比例的招生名额（年度招生计划总数的 5%），以选拔那些通过高考不容易被发现的有特殊才能的学生；2004 年，这一形式在全国部分“211 工程”和“985 工程”大学陆续推行；2011 年，全国有近百所高校在实施这一做法。2006 年，教育部批准中南大学在湖南省进行普通高考综合评价录取模式改革试点；2011 年，该校开始在云南试点“综合评价录取”。

为规范多样化改革中出现的偏差，1998 年，教育部在四川、河北、上海等五省市试点，对保送生进行综合能力测试，取得了成功，次年扩大到全国，为保送生招生、也为高考综合科目命题积累了经验。2001 年，教育部对保送生工作作出了“压缩规模，严格标准，严格管理”的规定，在较大程度上提高了保送的标准和条件，严格了保送程序。2003 年，教育部规定高校必须向社会公布招生章程，同年，远程网上录取全面取代人工现场录取，实现了高考录取方式的根本变化。2005 年，高校招生实施阳光工程，政府开始着力构建责任、法治、服务型的高考政策体系。

四、高考改革全面深化的阶段（2013 年至今）

党的十八大以后，针对唯分数论影响学生全面发展，一考定终身使学生学习负担过重，区域、城乡入学机会存在差距，中小学择校现象较为突出，加分造假、违规招生现象时有发生等突出问题，党中央作出了深化教育领域综合改革的重大决策，深化考试招生制度改革是深化教育领域综合改革的重要内容。

2012 年，党的十八大报告明确要求，“深化教育领域综合改革，着力提高教育质量”“推动高等教育内涵式发展”“大力促进教育公平，合理配置教育资源”。这一年，教育部实施了面向国家集中连片特困地区的定向招生专项计划，录取 1 万多名本科生，这些地区上重点大学人数提高 10% 左右。次年，专项计划进一步扩大到 3 万人，范围扩大到所有国贫县以及重点高校录取率相对较低的省份。新一轮高考改革，在党和国家对贫困地区的特别关爱中拉开序幕。

2013 年，党的十八届三中全会研究了全面深化改革若干重大问题，明确要求“要深化教育领域综合改革”。2014 年，《政府工作报告》明确要求，“深化教育综合改革，积极稳妥改革考试招生制度。”2014 年 8 月，中央全面深化改革领导小组第四次会议审议了《关于深化考试招生制度改革的实施意见》。国务院印发《关于深化考试招生制度改革的实施意见》，我国开启了自 1977 年恢复统一高考以来最全面、最系统、最深刻的一轮高考改革，并首次冠以“综合”改革之名。按照制度设计，新高考按“两依据、一参考”模式进行录取。在依据统一高考成绩，依据高中学业水平考试成绩，参考学生综合素质评价，进行择优录取的招生录取机制下，考生自主选择考试科目，这是新高考赋予考生的选择权，与历史上各次高考改革有着巨大的不同。正是这个选择权，彰显了新一轮高考改革的综合性和系统性。可见，这一轮高考改革既是一场针对考试方式和考试内容的改革，更是通过教学—考试—招生链条的整体设计，倒逼学生培养模式的变革，既牵动高中教育教学改革，也影响高校招生录取环节甚至是专业培养方案。

根据《关于深化考试招生制度改革的实施意见》，2014 年启动考试招生制度改革试点，2017 年全面推进，到 2020 年基本建立中国特色现代教育考试招生制度，形成分类考试、综合评价、多元录取的考试招生模式，健全促进公平、科学选才、监督有力的体制机制，构建衔接沟通各级各类教育、认可多种学习成果的终身学习“立交桥”。

2014 年，上海、浙江率先启动高考综合改革试点；2017 年，北京、天津、山东、海南四地加入第二批试点行列。根据各省份实施方案，这两批试点省份是“3 + 3”模式。这种模式打破传统理科考“物化生”、文科考“史地政”的限制，考生除“语数外”3 门必考科目外，还可以从 7 门学业水平考试科目中任选 3 门（上海为“6 选 3”），组成自己的考试方案，个人兴趣爱好和潜能特点得到了充分体现。

2018 年，第三批试点新增河北、辽宁、江苏、福建、湖北、湖南、广东、重庆 8 个省市，这批采取的是“3 + 1 + 2”模式。其中“3”为全国统考科目语文、数学、外语；“1”为首选科目，考生须在物理、历史科目中选择 1 科；“2”为再选科目，考生可在化学、生物、政治、地理等科目中选择 2 科；统考科目和首考科目计原始成绩，选考科目则按等级赋分后计入总成绩。这种模式充分考虑了各省份原有高考模式、基础教育发展水平以及改革阶段特征。“7 选 3”有 35 种组合，“6 选 3”有 20 种组合，“3 + 1 + 2”只有 12 种组合，这就大幅降低了新高考对高中师资、设备、信息、学生素质、家庭条件等软硬件资源的要求，也在一定程度上降低了在中西部地区和人口大省推进改革的难度。

第三批试点省份“3 + 1 + 2”方案与前两批试点省份“3 + 3”方案在基本理念和改革方向上是一致的，同时，“3 + 1 + 2”方案更加突出了物理、历史两个科目在高校自然科学和人文社科类人才培养中的基础作用。从政策出台初衷看，在选择的维度上，既要保证个体选择的自主空间，又要顾及高校人才选拔和培养局部上的刚性限制，更要体现国家整体需求和长远利益。同时，14 个改革省份均开发了高中学生综合素质评价信息管理系统，客观记录学生成长过程，作为毕业和升学的重要参考，这将逐步改变简单以高考成绩评价学生的方式和导向。

2021 年 9 月 15 日，甘肃、黑龙江、吉林、安徽、江西、贵州、广西等 7 个省份发布深化高等学校考试招生综合改革实施方案，宣布从 2021 年秋季入学的高一新生开始进入新高考模式，2024 年起高考不分文理。新高考采取“3 + 1 + 2”模式，“3”即语文、数学、外语 3 门统一高考科目；“1”和“2”为选择性考试科目，其中“1”是从物理或历史科目中选择 1 门，“2”是从思想政治、地理、化学、生物学中选择 2 门。满分为 750 分。

从这几年的考试招生制度改革历程看，高考综合改革在“推进素质教育、促进教育公平、科学选拔人才”的期许中，由东部向中西部稳妥推进。到 2021 年 9 月，新高考方案在 14 个省市均已平稳落地，考试招生制度改革带动了一系列教育变革：从学生角度看，新高考充分考虑了学生兴趣、爱好、特长、潜能、愿景等因素，能够有效地激发学生学习动力，促进学生全面多元个性化发展。从中学角度看，一方面，为适应新的科目组合，高中阶段选课走班、分层教学等新的教学管理方式应运而生，改变了原来行政班“齐步走”的教学模式；另一方面，中学阶段的学业与进入高校选择的专业，甚至日后安身立命的职业紧密结合，在高中开展职业生涯教育和学科专业认知的重要性日益凸显。从高校角度看，这不仅是一场针对考试方式和考试内容的改革，更是通过教学—考试—招生链条的整体设计，倒逼人才培养模式的变革，既牵动高中教育教学改革，也影响高校招生录取环节甚至是专业培养方案。新高考招生录取实行“院校专业组”或“院校 + 专业”的模式，理论上一个专业一个分数线，这给具有较强学科特色的普通高校提供了赶超机会，也为高水平大学的薄弱学科敲响了警钟。新高考改革与“双一流”建设形成合围，引导高校在学科布局上突出自身特色，注重内涵建设，有所为有所不为。①

第二节 利益相关者理论与高考治理结构优化

利益相关者理论介入高考治理领域，就是要建立一种由政府、高校、个人（考生和考生家长）、社会（主要是中学、职业界、中介组织、社会团体）等利益主体共同参与的、基于合作伙伴关系的、多元化的高考管理体制，其最终目标是建立一种不是控制监督而是自主合作、不是集权而是分权、不是由政府统治而是利益相关者合作治理、不追求一致性和普遍性而追求多元化和多样性的符合共同利益的高考治理机制。

一、利益相关者介入高考治理体系的理论分析

高考治理结构包括一整套的制度安排，这些制度安排决定了高考改革的战略、方针和措施，以及政府、高校、个人和社会等利益主体的利益诉求的满足程度和满足方式。

在高考治理的利益相关者中，谁拥有高考改革的最终话语权呢？美国学者米切尔 1997 年提出了一种评分法②，可以解决利益相关者介入高考治理的两个核心问题：一是利益相关者的认定，即谁是高考的利益相关者的问题；二是利益相关者的特征，即决策主体依据什么来关注特定群体的利益问题。我们可以根据利益相关者的属性——合法性、权力性和紧急性，对可能的利益相关者进行评分，然后根据分值的高低

① 高众．新高考带来哪些新变化——高考综合改革七周年回眸［N］．中国教育报，2021 - 9 - 14（1）．

② Score Bzsed Approach，Mitchell A，Wood．Toward a Theory of Stakeholder Identification and Salience：Defining the Principle of Who and What Really counts［J］．The Academy ofManagement Review，1997，22（4）：853 - 886．

确定某一个人或者群体是不是高考的利益相关者，如果是，又是哪一类利益相关者。这里，合法性是指某一群体是否被赋予法律和道义上的或者特定的对于高考改革的决策权；权力性是指某一群体是否拥有影响高考制度变革的决策地位、能力和相应手段；紧急性是指某一群体的利益要求能否引起决策主体的关注。根据米切尔的观点，要成为高考的利益相关者，要么能够对高考改革拥有合法的决策权，要么能够对高考改革施加影响，要么能够引起决策主体的关注，否则，就不能成为高考的利益相关者。

根据具体情况，对上述三个特征进行评分，高考的利益相关者可以分为三种类型：一是确定性利益相关者，他们同时具有合法性、权力性和紧急性。为了高考改革顺利进行，决策主体必须十分关注并尽量满足他们的愿望和要求，同时吸纳他们参与到决策过程中来。二是预期性利益相关者，他们同时拥有上述属性中的两项，具体有三种情况：第一，同时拥有合法性和权力性的群体，他们希望受到决策主体的关注，也往往能够达到目的，在某些情况下还可以参与到决策的过程中来。该群体包括高等教育的资助者、有关中介组织等。第二，同时拥有合法性和紧急性的群体，但没有相应的权力来制约决策主体，这种群体要想达到目的，必须赢得另外的、更强有力的利益相关者的支持，或者寄希望于决策主体的善行。他们通常采取的方法是上访、结盟、参与政治活动等。第三，同时拥有紧急性和权力性，但没有合法性的群体。这种人对高考改革是非常危险的，比如，在矛盾激发的情况下，他们可能采取静坐、示威、游行等极端手段，决策主体常常需要通过非正常的手段来满足他们的要求。三是潜在性利益相关者，即只拥有合法性、权力性和紧急性属性之一的群体，除非他们拥有一定的合法性或者获得了某种权力，否则决策主体可以不关注他们，如企业。

米切尔关于利益相关者的分类模型是动态的，即任何个人或群体因为主客观条件的变化而获得或者失去某些属性后，就会从一种类型转化为另一种类型。[①] 可见，高考改革的决策主体应动态地、定量化地辨认具体情况下利益相关者的权利属性，区别轻重缓急，从而制定出不同利益相关者的利益诉求得到合理整合的改革方案。

二、利益相关者介入高考治理体系的基本架构

联合国教科文组织世界高等教育大会（1998 年 10 月，巴黎）宣言指出，加强高等教育的重大改革和发展、提高质量及增强其针对性所面临的挑战，不仅需要政府和高等院校，而且需要所有利益相关者，如学生及其家庭、教师、工商界、公共和私营经济部门、地区、专业协会等的积极参与。[②] 近年来，合作伙伴关系已成为各国政府和国际组织关于高等教育的政策性文件和报告的主题词。高考利益相关者之间的合作伙伴关系与联盟是高考改革的强大力量，政府、高校、社会、个人之间的合作伙伴关系则形成利益相关者介入高考治理结构的基本架构。

（一）政府

从高考改革的动因看，“主要是由于该国原有的教育制度的功能与该国社会、经济要求以及国际竞争要求不相适应。在此背景下，该国政府根据社会、经济要求以及国际竞争要求作出高等教育制度的政治决策。教育制度的改革大都带有深刻的时代背景，具有明显的政治特征。”[③] 在高考改革中，政府是改革方案的主导者，在分析规则变更成本与预期收益的基础上，政府往往会通过制度调整，兑现对人民群众接受高等教育的承诺，让更多考生上理想的学校、心仪的专业，促进社会公平，实现

---

① 贾生华、陈宏辉. 利益相关者的界定方法述评［J］. 外国经济与管理，2002（5）：13－18.

② The World Conference on Higher－Education. World Declaration on Higher Education in the Twenty－first Century：Vision and Action. Adopted by the World Conference on Higher Education.（2005－8－1）［EB/OL］. http：//www. unesco. org/education/educprog/wche/declaration_ eng. htm.

③ 鲁洁、吴康宁. 教育社会学［M］. 北京：人民教育出版社，1990：104－105.

高等教育入学机会的优化配置。

政府作为高考改革的主导者，在配置高等教育资源的过程中，必须以公平正义为基本价值取向，综合考虑高校利益与中学利益、地方利益与中央利益、考生、考生家长利益与社会利益等的平衡，高度关注高考改革对国家安全和社会稳定的影响，高度关注社会各阶层民众接受高等教育的需求，高度关注高等教育的可持续发展，从政治、经济、文化和社会全面发展的角度来推动相关制度变革。

（二）高校

《中华人民共和国高等教育法》第十一条规定："高等学校应当面向社会，依法自主办学，实行民主管理。"高校是依法自主办学的实体，扩大高校办学自主权是中国高等教育改革和发展的趋势，不少理论工作者和实践工作者都以此为依据来拓展高校自主办学、自主招生的空间。但是，在高等教育资源特别是优质高等教育资源还不很充足的现实条件下，高校自主办学、自主招生又可能面临一定的风险。作为办学实体，高校在制定招生计划、安排考试内容、组织录取等方面，实际上是受到一些约束的。特别是高校在生源选择上的自主权并不大，难以真正根据自身办学优势、学科规划和发展定位等因素自主选择合适生源。

《高等教育法》第二十四条规定："设立高等学校，应当符合国家高等教育发展规划，符合国家利益和社会公共利益。"高校（主要是公办高校）作为公共高等教育资源的载体，具有很强的公共性，必须认真贯彻执行党和国家大政方针政策，其生源选拔行为必须严格遵守法律法规，维护公平竞争的高考秩序。但高校是依法自主办学的实体，高校的发展需要高质量生源，在高等教育资源配置中，高校的发展也面临激烈的竞争。一方面，高校在贯彻执行国家高考政策时，需要根据自身具体情况，将国家的宏观政策转变为自身具有可操作性的微观政策；另一方面，从自身生存和发展的角度出发，高校又需要根据自身发展的实际需要，尽可能地从外部环境中获取更多利益，为本校的发展积聚更多资源。在社会主义条件下，二者在理论上是统一的，但在高等教育资源还不十分充足的情况下，高校都是独立的利益主体，往往会有谋求自身利益最大化的内在诉求，这就可能导致打政策擦边球、本位主义、地方保护甚至腐败等后果。

（三）中学

中学是高考改革的直接利益相关者，在高等教育还没有得到普及，接受高等教育仍然是大多数民众改变自身社会地位的现实国情下，中学在相当长的一段时间内，仍将面临严峻的升学压力。高考改革就像一根无形的指挥棒，影响到中学课程设置、教学改革、素质教育等相关工作的有效展开。

受高考指挥棒的作用，升学率很容易左右中学教育走向，成为人们评价中学教育质量的潜在标准，成为政府部门配置基础教育资源的实际依据。面对升学率这一“紧箍咒”，不少中学都选择了应试教育这条“捷径”，甚至铤而走险，通过非正常途径获取更多资源，催生了教育腐败，破坏了教育生态，扭曲了中学教育的应有功能，更加剧了高考改革中局部利益与全局利益的冲突。奥赛热、竞赛热、加分热、高考移民、身份造假等现象，从多个侧面反映出个人利益、局部利益、地方利益对高考秩序的冲击，反映了高考改革面临的现实利益冲突。

（四）群众

享受高等教育是适龄公民的基本权利。由于中国各地经济文化发展水平不同，以及不同公民个体先天素质的差异，在现行高考利益格局中，不同公民接受高等教育的机会客观上是不平等的。统一的能力型试题与统一的录取线在一定程度上恶化了落后地区考生的处境，也在很大程度上抹杀了人的个性，否认了人的差异性。按照罗尔斯的正义补偿原则，需要决策主体对相关的弱势群体进行利益补偿。

学生和学生家长是高考改革最直接的利益相关者，基于对学生成长成才的利益诉求，他们往往会通过人际交往渠道表达自身的观点与认识，形成对高考改革的民意，从社会最基层为高考改革制造舆论氛围。但是，人是具有个性的社会个体，不同的人在知识、能力、兴趣、爱好、特长等方面具有很大的差异。比如，城市学生会唱歌跳舞是特长，那么农村学生会耕地插秧是不是特长？从促进考生个性发展的角度看，高考不应该仅仅通过对共性的考查来确定选才标准，而应该对不同的考生进行全面的考查，最终形成个性化、差异化的考核结论，高校以此为依据录取考生。在现有经济社会条件下，这显然是不现实的。为了上大学，很多考生不得不压抑自己的个性和特长，将大量时间、精力用于学习高考考查的知识，将兴趣、爱好转移到高校提供的专业上，这就导致了考生素质、能力的高度同质化。

当然，以上只是高考改革的几个基本利益相关者，实际上，与教育发展关系密切的企业、社会组织、实业界等，也是高考改革的重要利益相关者，它们与四大主体相互作用，形成高考利益相关者的完整体系，不同主体之间的利益博弈，推动着高考改革不断前行。

三、利益相关者介入高考治理体系的决策机制

治理理论的核心内容是要打破政府作为唯一管理机构和单一权力中心的现状，实现管理中心和权力主体的多元化。利益相关者介入高考治理结构的权力方向是多元的、相互的，而不是单一的和单向的。由于治理主体趋于多元，不同主体之间的权力依赖和合作伙伴关系，以及协商、谈判和交易的共同作用，最终形成一种自主自治网络。该网络强调各利益相关者为了获取他人的支持和帮助而出让自己的部分权利或权力，依靠自己的优势和资源通过对话以增进理解，树立共同目标。

利益相关者介入高考治理结构的关键是寻求一种不同利益主体参与

共同决策的机制。在这种模式下，高考改革的决策权往往不是由政府或高校主导，而是交给利益相关者委员会。利益相关者委员会一般由政府和高校、学生和学生家长的代表以及职业界、社会团体等利益相关者代表组成，该委员会在计划分配、考试科目设置、考试内容安排、录取方式选择、录取专业确定以及其他各种事务方面参与高考改革的相关环节。

当前，高等教育资源特别是优质高等教育资源还相对短缺，民主参与的文化氛围还不够浓厚，各项改革的配套设施还不够完善，在高等教育政策变革中政府和教育行政部门与权力相联系的利益、教育资源的相对短缺、高校领导和广大教师的专业素养、学生的民主意识与责任意识、社会中介机构的培育、社区居民的参与意识等都有可能成为利益相关者委员会建立与完善的问题与障碍。

CLEAR 模型为我们识别和解决这一问题提供了一个便利的、系统化的分析工具。该模型包括五个部分：一是能力（Cando），即利益相关者参与高考治理的能力，诸如组织、动员和论辩等能力，这往往取决于各利益相关者的专业素养、管理水平和沟通能力；二是意愿（Liketo），即参与利益相关者委员会的责任感和热情，主要取决于各利益相关者的利益观念、民主精神、社会资本、公民的权利与责任等；三是激活（Enabledto），即建立利益相关者委员会，强化法制和制度建设，明确利益相关者参与高考治理的途径、机制和基本程序，依法保障、推动和激发利益相关者参与高考改革；四是要求（Askedto），即高考改革的决策层应当动员并号召各利益相关者参与利益相关者委员会，为此，高考决策系统要创新管理机制，建立健全有关机构，完善公开制度，切实巩固长期的合作伙伴关系，实现高考治理外部环境的内部化；五是回应（Respondedto），即建立起倾听、回应利益相关者要求的机制，主动与各利益相关者进行沟通，了解他们对于高考的期望和感知，切实将他们的期望整合到高考政策机制之中，实现高考治理与利益相关者要求的协调和互动。

四、利益相关者介入高考治理体系的实践价值

将利益相关者理论引入中国高考治理体系，具有较强的理论解释力和实践操作性。回顾我国高考制度演变的历史脉络，可以看到，改革正是沿着政府逐步放权的这一逻辑路线展开的。高校招生权开始是高度集中于国家手中，后来权力逐渐下放到各省市招办，之后招生权慢慢开始向高校手中过渡，并最终形成了“学校录取、招办监督”的体制。在利益多元的现代社会，高考改革的理想状态应该是，政府、学校、社会和个人都合法地拥有一定的话语权，并需要在性质上属第三部门的社会中介机构来协调不同利益主体的利益诉求。①

（一）在制度设计层面以政府为主体

中国改革开放的实质，就是通过社会利益关系的调整逐渐改变社会资源的占有状态，形成与市场经济发展相适应的资源配置方式。改革开放是政府强力拉动的，不同利益主体对社会资源占有状态的改变一开始采取了非市场化的方式，这就使得社会利益结构重构的基础具有某种不公正的特征：一部分利益主体是在市场竞争中通过优胜劣汰的途径形成的，另一部分利益主体则是通过政治系统的强力获取社会资源而形成的。在日益分化的社会利益格局中，政府不应该、也不可能再扮演全能型的主体角色，而必须适应市场要求重新定位自身角色。政府完成这种角色转变后，才能科学地发挥其宏观调控功能，更好地承担起社会管理者和规则维护者的角色。全面深化改革要求从原来高度糅合的国家利益中，分化出不同的利益，政府按照一定的原则和标准，将这些利益配置给相应主体，使其各司其职，在新的社会利益格局中承担应有的职能。

与转变政府职能相一致，在高考制度方面，教育主管部门主要是依

① 李立峰. 治理理论视野下的高校招生体制改革［J］. 江苏高教，2005（5）：35－37.

据相应的法律法规，制定合理的招生考试制度，理顺现有的规则制定、招生计划、考试实施、新生录取等环节之间的关系，规范考试机构职责与考试程序，规范招生机构权限，明确考试招生机构职责。教育主管部门从具体的实施行为中解脱出来，转向制定“游戏”规则为主，协调各利益相关者的关系。① 特别是应发挥学术研究群体的功能，尊重学术研究的价值，使制度改革更为理性与科学，以发挥高考的评价与导向功能，把招生考试制度从选择性轨道转向适应性轨道，从而为素质教育的有效展开提供制度保障。

（二）在招生层面以高校为主体

办学特色和优势是各高校努力追求的方向，提高学术水平、增强专业适应、提高学校就业竞争力，提升社会服务能力，都是高校办学的主要目标。生源是高校可持续发展的重要基础，对于以学术发展为主的研究型大学而言，需要学生具有更扎实的知识基础、良好的学习习惯和思维能力，而职业技术院校则需要学生具有较强的动手能力。因而，不同类型的高校需要在统一高考成绩的基础上，以学生基础文化为参照，重点考查学校发展定位、专业特色等对学生潜质的要求。目前，某些地区已开始实行灵活的招生政策，如上海市就将参考学生成长记录、社会公益活动记录、体育与文艺活动记录等，纳入招生考查范围。当然，这一政策还需要在实践中不断完善。

真正落实高校的招生自主权是高考改革的必然趋势。招生自主权是高校的法定权利，在性质上是一种公权力，这不同于高校参与民事活动时所享有的民事权利。作为一种公权力，高校所享有的这些自主权最初由政府代表国家享有，是政府的权力，但当这些权力经过立法而明确规定为高校的自主权后，权力的主体就发生了转移，不再是政府而变为高

① 时伟．相关利益人与高考招生制度改革［J］．湖北招生考试，2006（12）：14－17．

校。但现实的情况却是教育行政机关并没有履行相应的权力“移交”和主体“换位”，仍将这些权力看作是政府自己的权力，在落实高校自主权时，名义上是向高校下放行政权力，但实际上采取的是委托的方式，而非实质性的下放。其实，治理理论本身就要求社会权利复归，在从计划体制向社会主义市场经济转轨的过程中，原来的许多公共权力的行使处于交换、改革、削弱或被取替状态之中。因此，还社会以完整的权利，把原公权力中对权利占用、代替、取消的部分交还给社会，即真正做到权利的复归，这是解决问题的基本途径。具体到高考改革中，就是要改变目前政府和高校之间责权利不清的含混体制，使高校彻底摆脱政府附庸的状态，真正能从高校的学校类型、办学特色、教学质量等方面来自主招收合适的学生，以适应高等教育多样化的趋势。

（三）在考试实施层面以社会中介为主体

政府机构亲自组织实施考试有利于确保高考的严肃性，有利于确保考试安全以及考试公正性，然而，政府直接过问考试有越位之嫌，由此也可能导致利益部门化和行为官僚化。政府直接参与高考招生考试目的是实现公平与公正，而结果可能是部门获得收益而政府投入大量的管理成本，成本与预期目标之间出现扭曲。① 因此，政府部门最好不要直接参与高考的具体运作，而是要通过制定相应法律法规，使考试机构和考试场所中介化；同时，专业化、权威性的考试中介机构有利于增强考试的灵活性，有利于增加考试次数，弥补一次性考试的不足，使部分考生可以免受考试机会的影响。美国有不同类型的考试机构，如 SAT 与 ACT 测验，而且一年可以提供 6 次考试机会，考生很少出现停课复习现象，也很少在意临场发挥失常问题。

“招考分离”是高考改革的重要趋势。由于未能真正实现招生和考

---

① 时伟. 相关利益人与高考招生制度改革［J］. 湖北招生考试，2006（12）：14－17.

试的分离，常常会导致招考领域的腐败问题，新的招生制度应该实行“招考分离”的原则，使高考的组织权和招生录取权彻底剥离。在此基础上建立社会中介性质的机构——大学招生联合会（或大学招生委员会）。这个机构将由政府教育主管部门、大学校长、企业界人士以及专家学者等组成，负责监督和协调政府、高校在录取过程中的执行政策的情况，提供给考生各方面的招生信息，协调高校与学生之间的矛盾等。当然这有一个转变过程的适应期，在此过程中，政府不是直接介入，而是理顺各种关系，出台相应的规范，进行监督与检查，使考试的相关利益人都能受益。

（四）在内容设计层面以学生发展为重要目标取向

高考的目的是为高校选拔合格生源，但人才的特质是复杂的，不可能用统一的标准去衡量具有不同特质的人才。高校选拔学生，理想的做法是以人类最优秀的品质特征为标准，以接近标准的程度进行衡量，但这在现实中很难做到。由于技术水平的限制，不同学生的知识、能力、发展潜力等难以得到客观、全面的考查。在废除统一高考条件还不成熟的现实国情下，高考改革需要在考试内容设计上做文章，使考试内容更加符合学生发展的需要，更加体现社会对人才知识结构的要求。

在考试招生制度改革中，给予学生考试科目选择权，直接给考试和招生环节带来巨大影响，倒逼了招生考试专业化水平的提高。一是考试方面，因不同考生所选科目不同，考试安排必然有所不同，这给各地的考试组织工作带来巨大挑战。选考科目的考试安排，既要考虑到教育测量方面的问题，比如不能按照学生选考组合将两套或三套选考科目试卷安排合堂考试，避免不同科目所花时间不同带来测量学上的不公平；还要考虑各地的实际情况，比如不能将考试时间延长到四天，导致人力物力成本过高，地方财政难以承担。这就需要综合考虑各方面因素，找准一个平衡点。二是计分方面，考生选考科目是高考录取依据之一，不同考生所选的科目不同，成绩如何进行比较，是评价学上一个棘手的问题。为了解决这一问题，改革省份均采用等级赋分的办法，即将选考科目的原始卷面分转换为考生位次分，实现卷面成绩到位次的映射，再依据转换后的位次分进行比较。从第一批到第三批省份，尽管所采用的赋分方法有所差异，但基本原理是一致的。改革经过了不断的优化和完善，第三批省份的赋分方法在公平性、精准性、可操作性等方面几乎做到了极致。

学生进入大学与国家对人才培养目标并不完全在一个层次上，国家立足于整体利益，而个人则从自身的利益出发，选择高校与享受相应的教育，其溢出效应表现为社会公共利益。因而，在内容设计层面，要从两个维度考虑问题：一是受教育者个人角度。由于个人无法选择的因素，每个人基于同一个尺度参与高考竞争，必然会出现事实上的不平等，因而，政府或考试机构要充分考虑到地域的差异。如高考试卷内容要求考查学生的综合素质，但由于乡村与城市存在文化差别，乡村学生缺乏应有的教学条件与高质量的师资，就很难达到城市学生从小就接触到的多种“制度型知识”，因此，在素质教育考试取向面前，乡村学生就会有较大的抵触情绪，乡村教师也不愿转变而且也难以转变传统的教育观念与教育方式。这样，乡村学生可能更欢迎传统知识考核方式，以便于主要靠智力拼搏取得相对优势。二是社会或政府取向角度，即从社会发展所需要的高素质人才培养出发、对于不同地域文化环境，特别为都市文化环境下的考生设计特殊的考核标准与考核知识体系，提出更高的要求，而不是降低要求，从而避免统一试卷出现分数相同而录取层次不同的情况。

第三节　高考政策变革的利益冲突

高考政策是对高等教育入学机会进行权威性配置的制度安排。当前，我国高等教育发展取得了很大的成绩，但高等教育资源特别是优质高等教育资源仍然不足，还无法完全满足人民群众接受高等教育的需要。政府对高等教育入学机会的配置，仍然面临一些现实的利益冲突。

一、个人利益与公共利益的冲突

高考政策变革必须以公共利益为本，也就是要以实现广大考生的根本利益为目标指向，为每个考生提供平等接受高等教育的机会，维护高等教育秩序的公平。但在高等教育发展还不足以满足每一个社会成员需要的现实国情下，高考政策变革还不能动摇统一高考这一根基，尽管遭到多方面的反对，高考还是必须通过统一考试来考查不同考生知识结构中具有共性的部分。这种考查方式在维护社会整体公平、维护大多数考生利益方面，显然是十分有效的。作为社会个体，不同考生在兴趣、爱好、特长、潜质等方面是具有很大差异的，高考在考查考生共性特征的同时，也应该考查其个性特征，这样形成的考查结果，才是科学的结果，高校以此为依据来录取考生，才是理想的高考选才方式。高考在维护公平公正社会秩序方面作出了不可磨灭的贡献，但高度统一的考试招生模式又导致了应试教育、同质评价、制约个性发展等不良后果；特别是在升学压力下，不少考生将大量时间、精力用于学习高考考查的知识，将兴趣、爱好转移到高校的招生专业上，这在一定程度上限制了考生的成长空间。

“一国高等教育政策的制定与该国占主导地位群体的高等教育价值观会有更密切的联系，而不一定左右于人数多的群体。”① 改革开放以来，多种利益主体不断分化整合为不同的阶层和集团，各有不同甚至相互对立的利益要求和利益取向，使得计划经济时代的高等教育资源配置格局被打破，使得高考政策的受影响者变得难以准确定义与分类，高考

---

① 温正胞. 价值冲突：当前高等教育政策领域不可回避的问题［J］. 江苏高教，2004（1）：19－21.

改革难以兼顾多种利益主体的要求。随着社会的发展，社会对教育的重视程度不断提高，人们接受高等教育的愿望空前高涨，高等教育资源配置的内在矛盾更加尖锐。

在全面深化改革的进程中，任何一项公共政策的利益导向都应该以保证最大多数人的利益为根本目的。但在现实的政策过程中，“公众的认知不能保证代表社会问题的实际严重性。”① 由于经济、社会地位的差异，不同利益主体对于高考的认识和期望都会有所不同，这种利益取向的差别导致高考政策变革的现实利益基础发生分化。为有效获取、维护自身利益，社会中的相关群体、个人总会通过一定的方式参与高考政策过程，表达自身的愿望和要求，这就使得政府对高考政策的改革，难以兼顾各方利益要求，往往顾此失彼。同时，受技术水平、环境条件等的限制，高考政策的运行并非完全的理性过程，高考无法对每个考生进行客观、全面的考查，这就增加了政策运行的成本，缩小了政策运行的可行性空间，使得高考政策改革面临社会资源和政治资源流失的危险。高考政策变革如何体现最大多数人的利益？如何为特长考生、偏科考生等特殊群体提供平等的上学机会？如何维护占人口大多数的农民、工人的利益？如何保障社会弱势群体的利益？在体现大多数人利益与愿望的同时，如何避免社会精英阶层对高考政策变革中所表现出来的公平利益观的抵制？这是当前高考政策变革面临的现实利益冲突。

二、当前利益与长远利益的冲突

在高考政策变革中，当前利益与长远利益的冲突，在一定程度上表现为公平与效率的冲突。效率实际上是与当前利益联系在一起的，就是要通过相关政策机制的变革，迅速扩大高校招生规模，为更多社会成员提供接受高等教育的机会，实现高等教育的跨越式发展。公平实际上是

① ［美］罗伯特·K·默顿. 社会研究与社会政策［M］. 林聚任等译，北京：生活·读书·新知三联书店，2001：66.

与长远利益联系在一起的，就是要通过相关政策机制的变革，正确处理高等教育规模、结构、质量、效益的关系，调动学生学习、中学教学、大学招生等多方面的积极性，推动高等教育全面、协调、可持续地发展。

公平与效益是高考政策变革都面临的两难选择。一个国家的高等教育资源总是有限的，为了满足不同社会群体接受高等教育的需要，国家必须运用公共权力进行调节，保证高等教育资源的配置能够满足国家经济文化发展的需要，能够满足社会成员发展的需要。中国经济社会发展水平还不高，与一些西方国家相比，高等教育的发展还缺乏足够经济资源的支持，这就使得政府在高考政策改革的过程中，不得不面临公平与效率的痛苦抉择。同时，中国高等教育还处于发展阶段，社会成员对高等教育资源的争夺还相当激烈，导致应试教育、教育腐败等问题的发生。因此，如何通过高考指挥棒的导向，既引导中学有效开展素质教育以提高国民素质，又选拔具有发展潜能的学生接受高等教育以培养社会主义建设人才；既为全体考生提供公平竞争的政策环境，又认真应对由于经济、文化发展差异所造成的事实上的不公平，这些都是高考政策变革必须面对的现实难题。

在全面深化改革的过程中，享用高等教育资源的主体开始分化，其所追求的利益与分享的效益之间的分配性冲突也变得尖锐起来。同时，大多数人都理想化地认为，只要一项政策能在整体上有较好的效益，这项政策就是可行的。就算有一部分社会成员的权益受到了损害，如果其他社会成员所获得的收益高于这种损害，那么这项政策在整体上仍然是有益的。在一个理想的、没有实质性的阶层差别的社会，高考政策如果能够使整体上受益，确实会产生积极的结果。但是，中国经济改革是以允许和鼓励一部分地区、一部分人先富起来为前提的，改革在实现了国家整体富裕的同时也造成了社会贫富差距的巨大鸿沟。由占人口大多数的农民、下岗工人等组成的社会弱势群体，所占用的社会资源相当有限，其承受子女教育支出的能力十分薄弱，其子女接受高等教育的机会相对很少，政府权威和公信力主要体现在其对社会弱势群体的态度上。在开启全面建设社会主义现代化国家新征程中，政府必须通过有效的政策机制，切实保障社会弱势群体平等接受高等教育的权利，否则，他们将不仅失去在市场规则下享用高等教育资源的机会，而且会失去享受高考政策变革所带来的整体效益的可能性。

三、局部利益与全局利益的冲突

政府在高考政策变革中，需要综合考虑高校利益与中学利益、地方利益与中央利益、考生和考生家长利益与社会利益等的平衡，通过推动高等教育发展来满足各方利益要求。高等教育作为一种公共物品，其受益对象只能是部分社会成员，对这部分社会成员的界定就成为高考政策变革有效推进的必要条件。在知识社会，知识日益成为财富的象征，显然，绝大多数社会成员都会希望自己成为高等教育的受益对象或潜在受益对象。同时，现行高考政策由于选才标准、计划分配、录取方式等方面的缺陷，实际上也只能满足部分利益主体的部分需要，而无法满足不同利益主体的需要。这些，在高考政策变革中就具体表现为局部利益与全局利益的冲突。

高校（主要是公办高校）作为公共教育资源的载体，具有很强的公共性。高考是对高等教育入学机会进行权威性配置的制度安排，高校招生行为是体现国家意志的行为，必须严格遵守法律法规的规定，维护公平公正的高考秩序。高校又是办学主体，在高等教育入学机会的权威性配置中，高校也面临激烈的竞争。一方面，高校在贯彻执行国家高考政策时，需要根据自身具体情况，将国家的宏观政策转变为自身具有可操作性的微观招生录取政策；另一方面，从自身生存和发展的角度出发，高校又需要根据本校发展的实际需要，尽可能地录取更多优质生源，为学校人才培养奠定生源基础。二者在理论上是统一的，但是，在现实高等教育资源有限、经济社会发展无法满足每一所高校需求的情况下，为了争夺有限的资源，每一所高校都会谋求自身利益的最大化，导致无序扩张、片面“掐尖”、违规承诺、过分炒作等不良后果，损害了考生利益，影响了高校形象，对正常的高考秩序也造成了不小的冲击。

中国的高等教育格局实际上是一种条块结合的格局。中国高校由部属高校、地方高校和民办高校几部分组成，其隶属情况、经费来源不同，在高等教育体系中的功能定位也有区别。部属高校隶属于中央各部委，其经费来源于国家财政，这类高校数量不多，但占有了国家大部分高等教育投入。地方高校隶属于地方各级政府部门，其经费来源于地方财政，其发展受地方经济发展水平的制约。民办高校是随着改革开放而发展起来的，其经费来源于社会资本，政府只对其进行宏观指导。这种格局使高考政策变革容易受到本位主义、地方保护主义的干扰。这种干扰主要表现在招生计划的分配上，中央政府为促进教育公平，往往会要求高校向边远地区、落后地区、教育欠发达地区多投放计划；地方政府为保护本地考生利益，则会对所属高校和设在本地的高校施加压力，使其增加本地招生计划；高校出于扩大学校影响、改善生源结构、降低毕业生就业压力等考虑，则倾向于扩大外省特别是经济发达省份的招生。这往往会加剧地方与中央、高校与政府的利益冲突。

在基础教育领域，受高考指挥棒的作用，升学率实际上成为一些中学的最大目标，成为社会评价中学教育质量的基本标准，成为政府部门配置基础教育资源的基本依据。为提高升学率，一些政府部门、中学往往倾向于通过制度外的途径获取更多资源，催生了教育腐败，扭曲了中学教育的应有功能，更加剧了局部利益与全局利益的冲突。比如，1981年，教育部要求高校招生必须参考考生在中学的表现与成绩，但很快发现学生档案里存在弄虚作假现象；1982 年，教育部规定一定级别的三好学生、优秀学生干部可以降分录取，于是，各地三好学生、优秀学生干部的比例也逐年增高；1986 年，原国家教委出台保送制度，但很快就出现许多地方推良不推优，甚至成绩不好的学生因为“关系”也能被保送的现象。隆回事件、嘉禾事件、电白事件等从不同的侧面反映出局部利益、地方利益对高考秩序的冲击，反映了高考政策变革面临的现实利益冲突。

第四节　高考政策变革的利益整合

在高等教育从精英教育向大众教育发展的关键时期，理论界和实践界对中国高考政策变革利益取向的认识尚不统一，这使得相关政策的运行缺乏坚实可行的理论基础，政策变动性大，有效作用的空间缩小。因此，对处于冲突状态下的利益要求进行整合，重构高考政策变革的利益基础，是中国高考政策变革的突破口。

高考政策是公共政策的一种，具有公共政策的共性。公共决策利益整合的基本理论、观点和方法，为高考政策变革的利益整合指明了方向，提供了方法论依据，规划了实现途径。在高考政策变革中，政府要合理定位自身角色，科学划分高考改革的受益对象，不断优化高考政策的利益协调机制；并通过积极的政策宣传，引导社会理性对待高考，为高考改革创造良好的社会环境，实现高等教育资源的合理配置，从而实现高等教育全面、协调、可持续的发展。当然，高考政策变革又具有自身特殊的环境，需要遵循高等教育发展的内在规律。在高等教育从精英教育向大众教育发展的关键时期，政府必须以科学发展观为指导，在基本价值理念上坚持公平选才，在技术层面上以科学选才为重要目标追求，通过构建公平选才与科学选才有机结合的政策体系，为考生提供平等接受高等教育的机会。

一、在基本理念上坚持公平选才，维护广大考生的根本利益

公平是社会成员对于利益分配的一种价值认识和价值评价，是其根

据自身利益和需要对一定的社会关系和社会事实的认定和评价。公平是公共政策最重要的社会价值标准。国家“十五”计划在教育指导思想中首次提出了教育公平这一概念。作为公共政策的一种，高考政策变革的最终目标就是要为全体社会成员平等地提供接受高等教育的机会，在现实社会条件下保障大多数人平等接受高等教育的权利，实现最大多数人最大可能地接受高等教育。

高考具有选拔功能，需要根据社会分工的现状和经济发展对人才素质的要求对考生作出某种鉴别，高校以此为标准选拔生源，鉴别的科学性和选拔的有效性是高考政策变革的一个关键问题。因此，高考公平实际上是公平考核和公平选才的问题。高考公平主要是从社会成员的角度出发，要求“考试面前人人平等”，排除金钱、权力等一系列非个人因素的影响，其指向的目标不仅是要实现高校公平选才，同时也要促进“公平竞争、力争上游”的社会风气的形成。因此，它是国家坚持贯彻民主和平等精神的重要途径，对于维护国家稳定与长治久安也有着重要的意义。①

高考公平是教育公平的一种，是社会公平、平等价值在高考中的延伸和体现。高考公平选才的实质就是要实现高等教育资源的公平分配，就是通过一定的政策机制使所有考生面对统一的评价标准，具有同等的被录取机会，具体表现在能力本位、权利平等、机会均衡、标准统一等方面。“追求教育平等理想，实现教育公平是我国教育政策的重大责任，是21世纪我国教育政策必然的价值选择。”② 实际上，中国现行高考政策从建立开始就是以公平为价值基础的。但是，由于经济社会发展的地区差异和高考政策内在的矛盾，当前中国高考领域还存在考试作弊、过高收费、地区差异、性别歧视等不公平现象。

高考公平的理想与不公平的现实之间的矛盾，必须通过高考政策的

① 张耀萍．高考形式的公平性与科学性［J］．湖北招生考试，2004（2）：18－23．
② 刘复兴．我国教育政策的公平性与公平机制［J］．教育研究，2002（10）：45－50．

变革来解决，而当前高考政策本身的缺失和不足也要求对其及时加以调整，否则，高考不公平将不断侵害社会成员的教育权利，危害社会稳定甚至国家安全。因此，在新的社会历史背景下重新审视高考公平的理论内涵和实现途径，具有重大的现实意义。建立公平选才的政策机制是从根本上解决高考不公平问题的关键，具体包括以下四个方面：一是建立资源配置的平衡机制，逐步缩小经济、社会、教育发展程度不同的地区的教育差异；二是建立决策活动中的利益平衡机制，通过不断推进高考决策活动的民主化，吸引社会力量参与高考政策制定，最大限度地整合、平衡不同利益主体的要求，维护大多数社会成员的利益，办人民满意的高考；三是建立实质内容与操作程序平衡的政策机制，使公平选才既有实质性的政策保障，又有操作性的政策规定；四是严格落实教育部高考招生六不准、十严禁、十公开、30个不得规定，在高校招生工作中实施阳光工程，进一步完善高考信息公开公示制度，真正将权力关进制度的笼子，在全社会营造风清气正的招考环境。

二、在技术层面重视科学选才，兼顾特殊考生群体的利益

“因其性质所然，公共政策当然要关注合法性、合理性、公正性等社会价值标准，但更关注如何寻求和运用一定的方法以有效解决实际的社会公共问题。”① 这“一定的方法”实际上就是公共政策运行过程在技术层面上对科学、理性等的追求。高考政策在其所涉及的高等教育资源的配置上，同样必须将科学、理性作为其重要价值诉求，具体说来，就是如何科学选才的问题。

科学选才是指高考政策变革要立足于社会、政治、经济、文化发展的实际情况，要遵循高等教育的发展规律，以高校人才培养的实际需要为出发点，通过科学、合理的政策机制为高校选拔合格生源。作为一种

① 陈庆云．公共政策分析［M］．北京：中国经济出版社，1996：7.

目标追求，科学选才体现了高等教育发展的要求，体现了高考政策变革的趋势，强调不同类型、不同层次的高校应该有适合自身特点和发展需要的选才标准，强调高考政策的运行要体现高校在生源选拔中的自主地位（即要建立高校灵活自主的生源选拔机制），要引导中学有效开展素质教育，为高等教育和社会发展培养合格的后备人才。高考科学选才的实质，就是要通过科学的政策机制，为高校选拔合格生源，同时发挥好高考的引导功能，引导社会理性地看待高考，引导中学有效地开展素质教育，构建高等教育资源合理配置的社会基础，使其发挥最大的经济效益和社会效益。

科学选才体现在高考政策的利益取向上，就是要处理好公平与科学（政策学一般称之为效率）的关系。深化考试制度改革，严格招生考试管理，确保高考以及各类国家教育考试的安全和公平、公正，是关系到广大人民群众利益的大事。但完全的公平是不存在的，在高等教育资源还相当有限的条件下，为了有效应对诸如地区差距、一卷定终身等不公平现象导致的社会对高考公平的质疑，政府应该在技术层面上更多考虑科学选才的问题。通过科学选才的政策机制对考生进行科学考查，提供平等机会，为在更大范围、更高程度上实现高考公平提供条件。高等教育大众化需要多样化的招生政策，需要建立适合不同层次、不同类型、不同培养模式的高校选拔人才的招生制度①，换句话说，在我国高等教育大众化的进程中，高考科学选才的问题应该引起更多的关注。

科学选才体现在高考政策对高等教育资源的配置上，就是要使有限的资源得到科学的配置，使其产生最大的效益。“高等教育是一种高投入的社会活动，目前，任何国家都还没有富裕到能不受限制地发展高等教育的程度，高等教育经费短缺是一个全球性问题。用有限的投入从事一项昂贵的服务活动，就必然提出高等教育的效率问题。高等教育的资

① 徐建春. 高校招生制度改革的思考［J］. 教育发展研究，2004（Z1）：135－137.

源要适当集中以保证这种高投入的活动能够顺利、高效地进行。对谁受高等教育要有所选择。高等教育应按社会需要分层培养人才，达到学有所成的目的，更好地适应社会的需要。”① 从高等教育发展的内在规律看，高等教育培养的是专业技术人才，这是一个以学生的知识、能力、兴趣、爱好、特长等为基础的综合培养过程，高校招生作为高等教育的入口，必然要关注生源素质，当前高校生源争夺特别是对高分考生、特长考生的争夺日趋激烈，正是这一内在需要的突出表现。因此，高考在其所涉及的公共资源的配置上，必须通过科学的政策机制，使有限的资源得到合理配置，发挥最大的效益。一是改进招生计划分配方式，提高中西部地区和人口大省高考录取率。二是改革招生录取机制，减少和规范考试加分，完善和规范特殊类型招生，完善高校招生选拔机制，改进录取方式。

科学选才体现在高考政策对考试内容的规定上，就是调整高考科目设置和试题设计，同时运用先进考试技术，对学生的知识、能力、发展潜力进行客观全面的考查。一是完善高中学业水平考试。学业水平考试主要检验学生学习程度，是学生毕业和升学的重要依据。考试范围覆盖国家规定的所有学习科目，引导学生认真学习每门课程，避免严重偏科。二是规范高中学生综合素质评价。综合素质评价主要反映学生德智体美全面发展情况，是学生毕业和升学的重要参考。建立规范的学生综合素质档案，客观记录学生成长过程中的突出表现，注重社会责任感、创新精神和实践能力。三是加快推进高职院校分类考试。高职院校考试招生与普通高校相对分开，实行“文化素质+职业技能”评价方式。四是深化高考考试内容改革。依据高校人才选拔要求和国家课程标准，科学设计命题内容，增强基础性、综合性，着重考查学生独立思考和运用所学知识分析问题、解决问题的能力。改进评分方式，加强评卷管理，完善

① 谢安邦. 高等教育学［M］. 北京：高等教育出版社，1999：79-80.

成绩报告。五是启动高考综合改革。改革考试科目设置，增强高考与高中学习的关联度。改革招生录取机制，探索建立基于统一高考和高中学业水平考试成绩、参考综合素质评价的多元录取机制。从这次新高考各省份实施方案看，前两批试点省份是“3+3”模式，而第三批采取的是“3+1+2”模式。其中“3”为全国统考科目语文、数学、外语；“1”为首选科目，考生须在物理、历史科目中选择1科；“2”为再选科目，考生可在化学、生物、政治、地理等科目中选择2科；统考科目和首考科目计原始成绩，选考科目则按等级赋分后计入总成绩。这是充分考虑各省份原有高考模式、基础教育发展水平以及改革阶段特征的结果。“3+1+2”方案有12种组合，大幅降低了新高考对高中师资、教室等软硬件资源的要求，也在一定程度上降低了在中西部地区和考生大省推进改革的难度。“3+1+2”方案与此前“3+3”方案在基本理念和改革方向上是完全一致的，同时突出了物理、历史两个科目在高校自然科学和人文社科类人才培养中的基础作用。在选择的维度上，既要保证个体选择的自主空间，又要顾及高校人才选拔和培养局部上的刚性限制，更要体现国家整体需求和长远利益。

结　　语

以习近平新时代中国特色社会主义思想引领美好行政生活

习近平新时代中国特色社会主义思想是当代中国马克思主义、21 世纪马克思主义，是新时代中国共产党的思想旗帜，是党和国家必须长期坚持的指导思想，是新时代公共决策的行动指南。习近平新时代中国特色社会主义思想内含着人民至上的价值论，对政治生活、行政生活的价值取向、行动选择、目标追求等都具有重要影响。中国特色社会主义进入新时代，我国社会主要矛盾已经转化为人民日益增长的美好生活需要和不平衡不充分的发展之间的矛盾。人民的美好生活需要覆盖经济、政治、文化、社会、生态等各个领域，其中，简政放权、放管结合、政务公开、重大政策事前评估和事后评价等行政生活层面的“软需要”，对于确保人民安居乐业、社会安定有序、国家长治久安具有特殊意义。以习近平新时代中国特色社会主义思想引领美好行政生活，充分发挥中国特色社会主义制度优势，坚持把党的领导、人民当家作主、依法治国有机结合起来，为解决新时代社会主要矛盾营造良好氛围，凝聚价值共识，是建设职责明确、依法行政的政府治理体系的内在要求。

用习近平新时代中国特色社会主义思想凝聚行政价值共识。行政价值共识是社会成员在行政生活中表现出来的行政理想、价值观念和行为准则，是提高公共决策效度与信度的社会心理基础。公共行政系统要切实加强理想信念教育，厚植家国情怀，培养精神家园，实现行政价值理念的交流与融合，形成行政价值共识，激发全体人民爱党爱国爱社会主义的巨大热情，凝聚起推进国家治理体系与治理能力现代化的强大精神动力。一是不断增强核心意识。中国共产党是中国特色社会主义事业的领导核心，处在总揽全局、协调各方的地位。党政军民学，东西南北中，党是领导一切的，是最高的政治领导力量。我国社会主义政治制度优越性的一个突出特点是党总揽全局、协调各方的领导核心作用。中国共产党是执政党，是美好行政生活的缔造者，党的领导是做好党和国家各项工作的根本保证，是政治稳定、经济发展、民族团结、社会稳定的根本点，绝对不能有丝毫动摇。二是坚持用党的科学理论武装头脑。马克思主义是我们立党立国的根本指导思想，习近平新时代中国特色社会主义思想是经过实践检验、富有实践伟力的强大思想武器，必须长期坚持并不断发展。公共行政系统要切实加强思想政治教育，通过自身的率先垂范，引导人民群众认真学习习近平新时代中国特色社会主义思想，坚定理想信念，培育价值认同，形成正确的历史观、民族观、国家观和文化观，牢固树立共产主义远大理想和中国特色社会主义共同理想，巩固全党全国人民团结奋斗的共同思想基础。三是坚定执行党的政治路线。党在社会主义初级阶段的基本路线作为党的政治路线，是党和国家的生命线、人民的幸福线，是美好行政生活的行动指南。公共行政系统要毫不动摇地坚持党的政治路线，全面贯彻实施新时代中国特色社会主义基本方略，统筹推进“五位一体”总体布局和协调推进“四个全面”战略布局，为实现“两个一百年”奋斗目标不懈努力。

用习近平新时代中国特色社会主义思想夯实公共决策制度根基。行政制度是保持良好社会秩序的强大武器。中国共产党在长期革命和建设中，高度重视制度建设，重视坚持思想建党与制度治党同向发力，不断探索、完善了中国特色社会主义制度体系，彰显了中国特色社会主义制度的独特优势，为满足人民美好行政生活提供了坚实的制度保障。要把党的行政管理经验贯彻于国家治理体系与治理能力现代化全过程，不断完善系统完备、有效管用的制度体系。一是坚持和完善支撑中国特色社会主义制度的根本制度、基本制度和重要制度。要着力固根基、扬优势、补短板、强弱项，构建系统完备、科学规范、运行有效的制度体系，加强系统治理、依法治理、综合治理、源头治理，把中国特色社会主义制度优势更好地转化为国家治理效能，为实现“两个一百年”奋斗目标、实现中华民族伟大复兴的中国梦提供有力保证。二是营造遵守制度、敬重制度的浓厚文化氛围。要加强理论研究与阐释，坚持从国情出发、从实际出发，完善和发展国家制度和治理体系，既把握党领导人民在长期革命和建设中形成的历史传承，又把握党和人民在我国国家制度建设和国家治理方面走过的道路、积累的经验、形成的原则，坚定不移走中国特色社会主义政治发展道路。要加强宣传教育，让人民群众更加深入了解中国经济快速发展、社会长期稳定奇迹背后的制度之基、治理之道、信仰之魂；充分认识中国共产党的领导是历史和人民的选择，是中国特色社会主义制度的最大优势；充分认识中国特色社会主义制度的本质特征和优越性，在全社会厚植“中国之治”的制度文化根基，进一步坚定中国特色社会主义道路自信、理论自信、制度自信、文化自信。

用习近平新时代中国特色社会主义思想描绘中国行政发展蓝图。中国梦归根到底是人民的梦。公共行政系统要以坚强战略定力应对百年未有之大变局，加快推动中国特色社会主义行政发展，不断开创中国之治新局面。一是把政治建设摆在首位。要坚持和加强党的全面领导，完善党的领导体制，改进党的领导方式，为中国特色社会主义新时代政治发展提供坚强政治保障，确保政治权力、政治关系调整的正确方向，既不走封闭僵化的老路，也不走改旗易帜的邪路，保持政治定力，坚持实干兴邦，始终坚持和发展中国特色社会主义。二是维护国家政治安全。公共决策要不断增强忧患意识，高度警惕改革进入攻坚期和深水区后社会矛盾激化可能带来的政治风险，坚决守住维护政权稳固、政治制度和社会政治秩序稳定的底线。一方面，进一步完善中国特色社会主义制度，全面推进依法治国，推进国家治理体系和治理能力现代化，保证全面深化改革进程中社会既井然有序，又生机勃勃；另一方面，始终坚持以人民为中心，切实扩大公共产品和公共服务的有效供给，不断保障和改善民生，及时有效地化解社会矛盾，确保社会利益格局总体稳定。三是发展社会主义民主政治。民心是最大的政治。公共决策要以促进社会公平正义、增进人民福祉为出发点和落脚点，切实保障人民的民主权利，团结和带领广大人民群众，进一步解放思想、解放和发展社会生产力、解放和增强社会活力，坚决破除各方面体制机制弊端，开拓中国特色社会主义事业更加广阔的前景。

参考文献

一、中文文献

1. 中文专著

[1] 毛泽东选集（第5卷）[M]. 北京：人民出版社，1977：144 - 197.
[2] 邓小平文选（第二卷）[M]. 北京：人民出版社，1983：308.
[3] 王伟光，郭宝平. 社会利益论 [M]. 北京：人民出版社，1998：68.
[4] 李秀林，王于，李淮春. 辩证唯物主义与历史唯物主义（第四版）[M]. 北京：中国人民大学出版社，1995：319.
[5] 王浦劬. 政治学基础 [M]. 北京：北京大学出版社，1995：51，53，59.
[6] 竺乾威. 公共行政学 [M]. 上海；复旦大学出版社，2004：48.
[7] 宁骚. 公共政策学 [M]. 北京：高等教育出版社，2003：438.
[8] 陈庆云. 公共政策分析 [M]. 北京：中国经济出版社，1996：7.
[9] 陈振明. 政策科学 [M]. 北京：中国人民大学出版社，1998：377.
[10] 丁煌. 西方行政学说史 [M]. 武汉：武汉大学出版社，2009：159，198 - 215，358.
[11] 颜佳华等. 公共决策研究——文化视野中的阐释 [M]. 长沙：湖南人民出版社，2005：387.

[12] 桑玉成. 利益分化的政治时代 [M]. 上海：学林出版社，2002：18.
[13] 赵成根. 民主与公共决策研究 [M]. 哈尔滨：黑龙江人民出版社，2000：16 - 31.
[14] 郑杭生. 转型中的中国社会和中国社会的转型 [M]. 北京：首都师范大学出版社，1996.
[15] 唐代兴. 利益理论 [M]. 北京：北京大学出版社，2002：103.
[16] 柳新元. 利益冲突与制度变迁 [M]. 武汉：武汉大学出版社，2002：122.
[17] 应松年、马庆珏. 公共行政学 [M]. 北京：中国方正出版社，2004：145.
[18] 张江河. 论利益与政治 [M]. 北京：北京大学出版社，2002：108.
[19] 张玉堂. 利益论——关于利益冲突与协调问题的研究 [M]. 武汉：武汉大学出版社，2001：160 - 161.
[20] 鲁洁、吴康宁. 教育社会学 [M]. 北京：人民教育出版社，1990：104 - 105.
[21] 谢安邦. 高等教育学 [M]. 北京：高等教育出版社，1999：79 - 80.

2. **中文译著**

[1] 马克思恩格斯全集（第3卷）[M]. 北京：人民出版社，1979：27，37 - 38，82，275 - 276.
[2] 马克思恩格斯全集（第1卷）[M]. 北京：人民出版社，1956：179.
[3] 马克思恩格斯选集（第1卷） [M]. 北京：人民出版社，1995：35，283.
[4] 马克思恩格斯全集（第46卷）[M]. 北京：人民出版社，1979：102 - 103.
[5] 马克思恩格斯全集（第25卷）[M]. 北京：人民出版社，1979：92.
[6] 马克思恩格斯选集（第2卷）[M]. 北京：人民出版社，1995：94.
[7] 马克思恩格斯全集（第3卷）[M]. 北京：人民出版社，1960：273.
[8] 马克思恩格斯全集（第1卷）[M]. 北京：人民出版社，1956：82.

[9] 中共中央马恩列斯著作编译局. 德意志意识形态（节选本）[M]. 人民出版社，2003：37.
[10] [美] 戴维·伊斯顿. 政治生活的系统分析 [M]. 王浦劬等译，北京：华夏出版社，1989：230.
[11] [美] 加布里埃尔·A·阿尔蒙德，小G·宾厄姆·鲍威尔. 比较政治学：体系、过程和政策 [M]. 曹沛霖、郑世平、公婷、陈峰译，上海：上海译文出版社，1987：135-200.
[12] [美] 斯蒂芬·罗宾斯. 组织行为学 [M]. 孙建敏译，北京：中国人民大学出版社，1997：6，8.
[13] [英] 戴维·米勒、韦农·波格丹诺. 布莱克维尔政治学百科全书 [M]. 邓正来译，北京：中国政法大学出版社，2002：12，36.
[14] 美] 戴维·伊斯顿. 政治体系——政治学状况研究 [M]. 马清槐译，北京：商务印书馆，1993：123.
[15] [美] 塞缪尔·P·亨廷顿. 变动社会的政治秩序 [M]. 张岱云、聂振雄、石淳、宁安生译，上海：上海译文出版社，1989：20.
[16] [美] 塞缪尔·P·亨廷顿. 变化社会中的政治秩序 [M]. 王冠华等译，北京：生活·读书·新知三联书店，1989：23.
[17] [美] 曼瑟尔·奥尔森. 集体行动的逻辑 [M]. 陈郁、郭宇峰、李崇新译，上海：格致出版社，上海人民出版社，2011：70-74.
[18] [美] 史蒂文·凯尔曼. 制定公共政策 [M]. 张成福、刘霞、张璋、孟庆存译，张成福校，北京：商务印书馆，1990：212.
[19] [美] 乔治·弗雷德里克森. 公共行政的精神 [M]. 张成福、刘霞、张璋、孟庆存译，张成福校，北京：中国人民大学出版社，2003：18.
[20] [英] 戴维·毕瑟姆. 官僚制 [M]. 韩志明、张毅译，长春：吉林人民出版社，2005：29.
[21] [美] 萨谬尔逊、诺德豪斯. 经济学（第12版）[M]. 高鸿业等译，北京：中国发展出版社，1992：1186.
[22] [英] 霍布斯. 利维坦 [M]. 黎思复、黎廷弼译，北京：商务印书

馆，1993：123.
[23]［法］卢梭. 社会契约论［M］. 何兆武译，北京：商务印书馆，1980：83.
[24]［美］罗伯特·达尔多. 元主义民主的困境——自治与控制［M］. 尤正明译，北京：求实出版社，1989：33－56.
[25]［美］托马斯·戴伊、哈蒙·齐格勒. 民主的嘲讽［M］. 孙占平、盛聚林、马驳等译，北京：世界知识出版社，1991：236－238.
[26]［英］约翰·洛克. 政府论［M］. 张羽译，北京：京华出版社，2000：46.
[27]［美］E. 博登海默. 法理学：法律哲学与法律方法［M］. 邓正来译，北京：中国政法大学出版社，1998：28.
[28]［美］R·J·斯蒂尔曼. 公共行政学（下册）［M］. 李方、潘世强等译，北京：中国社会科学出版社，1988：30.
[29]［美］E·R·克鲁斯克、B·M·杰克逊. 公共政策词典［M］. 唐理斌译，上海：上海远东出版社，1992：30.
[30]［加］莱斯利·雅各布. 民主视野——当代政治哲学导论［M］. 吴增定、刘凤罡译，北京：中国社会科学出版社，2004：86.
[31]［美］詹姆斯·E·安德森. 公共决策［M］. 唐亮译，北京：华夏出版社，1990：222.
[32]［美］安东妮·M·奥勒姆. 政治社会学导论［M］. 董云虎、李云龙译，杭州：浙江人民出版社，1989：144－145.
[33]［美］鲍莫尔. 福利经济与国家理论［M］. 郭家麟、郑学齐译，北京：商务印书馆，1982：124.
[34]［美］塞缪尔·P·亨廷顿. 第三波——20世纪后期的民主化浪潮［M］. 刘军宁译，上海：上海三联书店，1998：4.
[35]［美］哈罗德·孔茨、海因茨·韦里克. 管理学（第十版）［M］. 张晓君、陶新权、马继华、金晶鑫等编译，北京：经济科学出版社，1998：378.

[36] [美] 罗伯特·K·默顿. 社会研究与社会政策 [M]. 林聚任等译, 北京：生活·读书·新知三联书店，2001：66.

3. **中文期刊文章**

[1] 李慎明. 正确认识中国特色社会主义新时代社会主要矛盾 [J]. 红旗文稿，2018 (5)：7 - 12.

[2] 王浦劬. 全面准确深入把握全面深化改革的总目标 [J]. 中国高校社会科学，2014 (4)：4 - 18 + 157.

[3] 罗来军. “坚持全面深化改革”的内涵和实质 [J]. 前线，2017 (12)：23 - 27.

[4] 张晓红、宁小花. 服务型社会治理模式下的公共决策价值取向 [J]. 中国行政管理，2011 (2)：31 - 34.

[5] 刘霞. 论公共决策的优先性价值 [J]. 伦理学研究，2008 (6)：71 - 74.

[6] 左飞、周文文. 公共决策与法的逻辑路径——以秩序价值为视角 [J]. 法制与社会，2012 (19)：9 - 10.

[7] 尹长海. 政府公共决策价值目标的实现路径 [J]. 理论界，2012 (4)：37 - 39.

[8] 何志武、陈呈. 公共决策视域下的网络民意分析：主体性、科学性与倾向性 [J]. 电子政务，2020 (2)：66 - 75.

[9] 颜陈. 舆情服务在公共决策中的价值体现 [J]. 领导科学，2016 (7)：15 - 16.

[10] 马小娟. 公民网络参与公共决策的价值、风险及优化策略 [J]. 理论探索，2014 (6)：97 - 101.

[11] 陈国权、周鲁耀. 公共决策中的利益冲突及其治理 [J]. 探索与争鸣，2012 (9)：7 - 10.

[12] 刘中起. 公共决策如何从利益冲突走向利益整合 [J]. 行政管理改革，2015 (5)：68 - 72.

[13] 刘中起. 基层社会治理中公共决策的利益冲突及整合机制研究——基于两起殡葬改革事件的案例分析 [J]. 城市观察，2016（3）：78－88.

[14] 宋海风. 公共决策制度构建阶段公众参与问题探究 [J]. 理论导刊，2018（1）：59－62.

[15] 汪海玲. 区块链技术驱动下公共决策机制创新研究 [J]. 领导科学，2020（16）：18－21.

[16] 周伟. 当前我国公共决策机制存在的问题及对策 [J]. 中国党政干部论坛，2017（8）：56－58.

[17] 蒋淑波. 完善我国公众参与政府公共决策法律制度研究 [J]. 理论探讨，2016（2）：35－38.

[18] 刘淑妍、朱德米. 当前中国公共决策中公民参与的制度建设与评价研究 [J]. 中国行政管理，2015（6）：101－106.

[19] 王运锋. 公共政策制定过程中部门利益冲突的动因分析 [J]. 河北大学学报（哲学社会科学版），2016（6）：105－109.

[20] 郭渐强、梁琳. 基于利益冲突的公共政策终结策略——以“营改增”政策为例 [J]. 求实，2018（4）：65－75.

[21] 张国磊、曹志立. 上下左右——部门征求意见中的利益吸纳和责任排斥 [J]. 公共行政评论，2020（6）：1－20.

[22] 赵新峰、蔡天健. 美国公共政策制定过程中利益集团的行动逻辑——以全美步枪协会（NRA）为例 [J]. 行政管理改革，2019（5）：92－103.

[23] 李玲玲、梁疏影. 公共利益：公共政策的逻辑起点 [J]. 行政论坛，2018（4）：70－75.

[24] 石火学、邹胜男. 我国利益集团对公共政策影响研究综述 [J]. 行政与法，2015（11）：13－18.

[25] 马桑、张苑漫. 大数据视域下公共决策模式之转变：经验、数据与

统合［J］. 江汉学术（2）：35－42.
［26］陈庆云. 关于“利益政策学”的思考［J］. 北京行政学院学报，2000（1）：11－12.
［27］俞可平. 治理和善治：一种新的政治分析框架［J］. 南京社会科学，2001（9）：40－44.
［28］朱孔军. 新时代全面深化改革的多维思考［J］. 华南师范大学学报（社会科学版），2020（3）：19－27.
［29］张向达、姜洋、梁超. 新时代社会治理结构——利益调整机制研究［J］. 科学决策，2020（6）：88－101.
［30］朱光磊. 全面深化改革进程中的中国新治理观［J］. 中国社会科学，2017（4）：27－39.
［31］陆平辉. 利益冲突的理念与实证分析［J］. 南京社会科学，2003（9）：62－67.
［32］汪仕凯. 走向共同富裕：全面深化改革的政治内涵［J］. 探索，2019（3）：21－27.
［33］周阳、汪勇. 大数据重塑公共决策的范式转型、运行机理与治理路径［J］. 电子政务，2021（9）：81－92.
［34］［美］斯梅尔赛. 变迁的机制和适应变迁的机制［J］. 国外社会学，1993（2）.
［35］宋永宜. 公共利益研究的文献综述［J］. 中外企业家，2009（24）：38－39.
［36］孟凡民. 公共决策中的理性：价值问题研究［J］. 中国行政管理，2006（7）：97－100.
［37］徐元善. 基层政府公共决策的价值分析与制度保障［J］. 浙江海洋学院学报（人文科学版），2008（1）：4－7.
［38］任勤. 公平的公共政策是利益整合的关键［J］. 四川大学学报（哲学社会科学版），2008（6）：42－46.

[39] 董韦. 我国公民参与公共决策的价值与秩序 [J]. 中共贵州省委党校学报, 2009 (6): 72 - 74.

[40] 李少惠、王迪. “价值 - 利益 - 权利”: 公众参与公共政策制定的行为逻辑——基于《北京市生活垃圾管理条例》的出台过程解读 [J]. 上海城市管理, 2020 (2): 53 - 61.

[41] 杨静娴. 健全公共决策专家咨询制度的对策分析 [J]. 领导科学, 2011 (20): 54 - 56.

[42] 黄子建、申永丰. 和谐社会视角下公共决策利益协调机制的优化 [J]. 求索, 2006 (6): 166 - 168.

[43] 李彬. 和谐社会、利益诉求与政府公共决策 [J]. 特区实践与理论, 2007 (4): 39 - 42.

[44] 俞祖成、庄秀娟. 我国公共决策中的利益诉求与利益博弈分析——以“番禺垃圾焚烧事件”为例 [J]. 广东广播电视大学学报, 2010 (3): 64 - 70.

[45] 陈建先、王超. 主题 · 问题 · 难题 · 破题: 公共政策制定中的利益表达机制研究 [J]. 重庆理工大学学报 (社会科学), 2015 (8): 78 - 82.

[46] 金华. 公民参与公共决策: 从制度设计走向过程管理 [J]. 理论探讨, 2013 (1): 161 - 164.

[47] 曾国平、王福波. 论公民参与视角下我国公共决策机制的完善 [J]. 云南社会科学, 2008 (3): 27 - 30.

[48] 申永丰. 公共决策的利益相关性分析 [J]. 求索, 2011 (6): 67 - 69.

[49] 申永丰. 转型期中国公共决策的利益冲突 [J]. 长沙大学学报, 2011 (3): 49 - 51.

[50] 宋安平. 公共决策中利益冲突的几点思考 [J]. 湖南行政学院学报, 2007 (6): 14 - 16.

[51] 黄子建. 公共决策利益博弈与和谐社会利益格局 [J]. 求索, 2008 (8): 73-75.

[52] 王春福. 和谐社会与公共政策的利益协调机制 [J]. 学术交流, 2006 (1): 120-124.

[53] 刘悦、陈建先. 政府公共决策利益博弈的抉择 [J]. 成都行政学院学报, 2011 (6): 9-11.

[54] 方然. 地方政府公共政策的利益取向分析——基于四级地方政府的问卷调查 [J]. 中国行政管理, 2009 (1): 119-121.

[55] 管博佳、彭俊. 浅析公共决策过程中的政府利益问题 [J]. 法制与社会, 2009 (11): 178-179.

[56] 陈潭、刘祖华. 迭演博弈、策略行动与村庄公共决策——一个村庄"一事一议"的制度行动逻辑 [J]. 中国农村观察, 2009 (6): 62-73.

[57] 范仓海. 南水北调工程公共政策形成中的利益博弈分析 [J]. 科技管理研究, 2010 (17): 205-209.

[58] 杨畅. 公民参与公共决策的契机研究——基于"利益博弈"价值观的历史嬗变 [J]. 学理论, 2013 (14): 9-11.

[59] 郑旭文、徐振东. 利益多元化背景下公众参与公共政策制定的功能 [J]. 北京工业大学学报 (社会科学版), 2013 (1): 41-47.

[60] 韩欢欢. 利益协调中我国公共政策的选择 [J]. 宁夏党校学报, 2014 (5): 67-69.

[61] 刘超. 公共决策中的利益集团冲突及其控制 [J]. 甘肃社会科学, 2011 (1): 73-76.

[62] 高伟轩. 美国历史上各种利益集团对国家公共政策的主要影响 [J]. 沈阳农业大学学报 (社会科学版), 2016 (5): 625-628.

[63] 刘金梅、付浩海. 公共政策过程中的公共利益与政府利益关系问题研究[J]. 长春工程学院学报(社会科学版), 2015 (1): 55-57.

[64] 高丽. 公共政策中的“公共利益”问题探讨 [J]. 哈尔滨学院学报，2013 (5)：39 –42.
[65] 张蕾. 公共利益：公共政策的价值与过程 [J]. 毕节学院学报，2011 (12)：95 –97.
[66] 汪旻艳、李晓辉. 公共利益是公共决策的根本出发点和主要着力点——社会主义和谐社会的新要求 [J]. 中共长春市委党校学报，2006 (1)：49 –51.
[67] 王鹏. 公共决策中的公共利益问题探析 [J]. 甘肃行政学院学报，2005 (2)：41 –42.
[68] 周发源. 人民利益和人民意愿是评判决策的最高标准 [J]. 湖湘论坛，1999 (2)：7 –8.
[69] 孟鑫. 马克思主义利益观在新时代的指导意义 [J]. 人民论坛，2018 (27)：99 –101.
[70] 汪辉勇. 公共利益：公共管理研究的逻辑起点 [J]. 行政论坛，2003 (7)：15 –17.
[71] 颜晓峰. 论新时代我国社会主要矛盾的变化 [J]. 中共中央党校（国家行政学院）学报，2019 (2)：5 –13.
[72] 柳新元. 利益冲突与改革性质的定位和改革方式的选择 [J]. 天津社会科学，2001 (6)：38 –42.
[73] 李路路. 和谐社会：利益矛盾与冲突的协调 [J]. 探索与争鸣，2005 (5)：2 –6.
[74] 中国战略与管理研究会社会结构转型课题组. 中国社会结构转型的中近期趋势与隐患 [J]. 战略与管理，1998 (5)：1 –16.
[75] 任维德. 中国社会转型时期的公共权威转换与重塑 [J]. 内蒙古大学学报（人文社会科学版），2000 (1)：1 –5.
[76] 谢金林. 公共理性与现代政治文明 [J]. 江西广播电视大学学报，2005 (3)：4 –7.

[77] 鄯爱红. 服务型政府的伦理精神 [J]. 哲学动态，2005 (2)：33 - 37.

[78] 刘海峰. 高考改革的教育与社会视角 [J]. 高等教育研究，2005 (5)：33 - 38.

[79] 贾生华、陈宏辉. 利益相关者的界定方法述评 [J]. 外国经济与管理，2002 (5)：13 - 18.

[80] 李立峰. 治理理论视野下的高校招生体制改革 [J]. 江苏高教，2005 (5)：35 - 37.

[81] 时伟. 相关利益人与高考招生制度改革 [J]. 湖北招生考试，2006 (12)：14 - 17.

[82] 正胞. 价值冲突：当前高等教育政策领域不可回避的问题 [J]. 江苏高教，2004 (1)：19 - 21.

[83] 张耀萍. 高考形式的公平性与科学性 [J]. 湖北招生考试，2004 (2)：18 - 23.

[84] 刘复兴. 我国教育政策的公平性与公平机制 [J]. 教育研究，2002 (10)：45 - 50.

[85] 徐建春. 高校招生制度改革的思考 [J]. 教育发展研究，2004 (Z1)：135 - 137.

[86] 周业柱. 公共决策监控机制：特点、问题与对策 [J]. 中国行政管理，2010 (7)：29 - 31.

4. **报纸文章**

[1] 陈一新. 完善正确处理新形势下人民内部矛盾有效机制 [N]. 人民日报，2019 - 12 - 9 (9).

[2] 孙大海. 始终坚持以人民为中心的价值追求 [N]. 人民日报，2017 - 10 - 23 (14).

[3] 迟福林. 以全面深化改革开放赢得未来 [N]. 经济日报，2018 - 11 - 1 (14).

［4］韩保江．人民利益最大化始终是全面深化改革的根本遵循［N］．光明日报，2017－9－26（13）．

［5］黄文艺．完善正确处理新形势下人民内部矛盾有效机制［N］．学习时报，2020－8－17（1）．

［6］赵海艳．深化“放管服”改革推动政府职能深刻转变［N］．黑龙江日报，2021－8－28（6）．

［7］李海青．现阶段利益冲突显现了哪些特征［N］．北京日报，2014－6－16（18）．

［8］高众．新高考带来哪些新变化——高考综合改革七周年回眸［N］．中国教育报，2021－9－14（1）．

［9］周跃辉．勇于突破利益固化的藩篱［N］．学习时报，2018－5－30（1）．

［10］陆学艺．当代中国社会阶层的分化与流动［N］．北京日报，2006－6－19．

［11］唐龙．社会主义市场经济体制的发展方向［N］．北京日报，2020－11－23（13）．

［12］杨雪冬．推进全面深化改革 把制度优势转化为治理效能［N］．辽宁日报，2019－12－17（5）．

［13］林丹等．激进者一言惊人：“取消高考”［N］．羊城晚报，1998－3－14（2）．

5．**电子文献**

［1］新华社评论员．学习习近平重要讲话之三：从人民利益出发抓落实［EB/OL］．http：//www. gov. cn/xinwen/2014－03/06/content_ 2631122. htm.

［2］赵超、安蓓、王希、张辛欣．历史性成就 历史性变革——习近平新时代中国特色社会主义经济思想引领经济社会发展述评［EB/OL］．http：//www. xinhuanet. com/politics/2017－12/25/c_ 1122164583. htm.

［3］王子晖．亮眼！习近平新时代中国特色社会主义经济思想［EB/OL］．http：//www. xinhuanet. com/politics/2017－12/22/c_ 1122152985. htm.

[4] 李永胜. 人民美好是习近平新时代中国特色社会主义思想的价值真谛 [EB/OL]. http://opinion.people.com.cn/n1/2018/0103/c1003-29742995.html.

[5] 杨金海. 习近平新时代中国特色社会主义思想的几条重大理论主线 [EB/OL]. http://theory.people.com.cn/n1/2018/0112/c40531-29760909.html.

[6] 颜晓峰. 系统领会习近平新时代中国特色社会主义思想精髓要义 [EB/OL]. http://politics.people.com.cn/GB/n1/2018/0717/c1001-30153080.html.

[7] 王庭. 在美好生活中感悟习近平新时代中国特色社会主义思想的真谛 [EB/OL]. http://news.cri.cn/20180316/94c19735-460b-4b82-4573-225cae188e07.html.

[8] 韩振峰. 习近平新时代中国特色社会主义思想的内在逻辑 [EB/OL]. http://theory.people.com.cn/GB/n1/2017/1219/c40531-29715166.html.

[9] 窦玉根、文洋. 全面深化改革的若干突破点 [EB/OL]. http://dangjian.people.com.cn/n/2015/0526/c117092-27059573.html.

[10] 阚枫、马学玲. 十八届三中全会今闭幕 中国改革将迈入新时代 [EB/OL]. http://www.chinanews.com/gn/2013/11-12/5489300.shtml.

[11] 汪丁丁. 怎样评价改革 [EB/OL]. http://www.blogchina.com/new/display/120272.html, 2006-2-14.

二、英文文献

[1] Garry D. Brewer. Termination: Hard Choices, Harder Questions [J]. Public Administration Review, Vol. 38, No. 3, 1978.

[2] Garrett Hardin. The Tragedy of the commons [J]. Scicence, Vol. 162, 1968.

[3] R. Hastie. Problems for Judgment and Decision Making [J]. Annual Review of Psychology. Vol. 51, No. 1 (2001): 653-683.

[4] Dennis F. Thompson Paradoxes of Government Ethics [J]. Public Administration Review, 1992 (3).

[5] A. Partridge. Children and Young People's Inclusion in Public Decision - making [J]. Support for Learning, Vol. 20, No. 4 (2005): 181 - 189.

[6] Score Bzsed Approach, Mitchell A, Wood. Toward a Theory of Stakeholder Identification and Salience: Defining the Principle of Who and What Really counts [J]. The Academy ofManagement Review, 1997, 22 (4): 853 - 886.

[7] T. B. Smith, The Policy Implementation Process [J]. Policy Sciences, Vol. 4, No. 2, 1973.

[8] Cooper. Terry L. The Responsible Administrator [M]. San Francisoc - Jossey - Bass Publishers, 1990.

[9] D. Easton. The Plitical System [M]. New York: Kropf, 1953.

[10] Thomas R. Dye. Under Standing Public Policy. Englewood Clifts [M]. N. J: Precice - Hall Lnc, 1987.

[11] Carl J. Friedrich. Man and His Government. New York [M]. McGraw - Hill, 1963.

[12] Garry D. Brewer and Peter Deleon. The Foundations of Pollicy Analysis. Homewood [M]. The Dorsey Press, 19839.

[13] A. Bentely. The Process of Government: A Study of Social Pressures [M]. Chicago: University of Chicago Press, 1908.

[14] Earl Lathar. The Group Basis of Politics: A Studyin Basing - point Legislation [M]. New York: Octagon Books, 1965.

[15] R. Butler. Designing Organizations: A Decision making Perspective [M]. London: Routledge, 1991.

[16] K. J. Arrow. Social Choice and Individual Values [M]. New York, Wiley: 1951.

[17] T. C. Beierle & J. Cayford, Democracy in Practice: Public Participation in Environmental Decisions [M]. Washington, DC: Resources for the

Future Press, 2002.

[18] The World Conference on Higher – Education. World Declaration on Higher Education in the Twenty – first Century: Vision and Action. Adopted by the World Conference on Higher Education. (2005 – 8 – 1) [EB/OL]. http: //www. unesco. org/education/educprog/wche/declaration_ eng. Htm.

图书在版编目（CIP）数据

全面深化改革背景下公共决策的利益冲突与整合 / 申永丰著. -- 湘潭 : 湘潭大学出版社, 2021.9
ISBN 978-7-5687-0623-0

Ⅰ. ①全… Ⅱ. ①申… Ⅲ. ①公共政策—研究—中国 Ⅳ. ①D601

中国版本图书馆 CIP 数据核字（2021）第 179765 号

全面深化改革背景下公共决策的利益冲突与整合

QUANMIAN SHENHUA GAIGE BEIJING XIA GONGGONG JUECE DE LIYI CHONGTU YU ZHENGHE

申永丰 著

责任编辑：刘　丹
封面设计：谈振威
出版发行：湘潭大学出版社
社　　址：湖南省湘潭大学工程训练大楼
电　　话：0731-58298960 0731-58298966（传真）
邮　　编：411105
网　　址：http://press.xtu.edu.cn/
印　　刷：长沙鸿和印务有限公司
经　　销：湖南省新华书店
开　　本：710 mm×1000 mm 1/16
印　　张：11.75
字　　数：180 千字
版　　次：2021 年 9 月第 1 版
印　　次：2021 年 9 月第 1 次印刷
书　　号：ISBN 978-7-5687-0623-0
定　　价：38.00 元